UN261732

死もなく、怖れもなく

No Death, No Fear Comforting Wisdom for Life

生きる智慧としての仏教

ティク・ナット・ハン Thich Nhat Hanh 池田久代 訳 Hisayo Ikeda

春秋社

まえがき

プリッタム・シン

ある日、一緒に昼食をとっていると、父がふと私にこんなことを言った。「最後に親父を見たのは、居間の籐の肘掛椅子のなかだったな」父と私は、フロリダのキーウェストにあるメキシコ料理店の屋外テーブルに座っていた。豆と米の料理の皿から目をあげて、父は話をつづけた。「俺の親父はブルーカラーのパン屋だった。フィッツバーグの下町だ。レオミニスター通りにある生協《クープ》で働いていたんだ」

「お祖父さんが死んだときのことを話してくれよ」と私が訊ねると、

「俺は何も知らん」と父は応えた。

「みんなは何と言っていたの？」

「誰も何も言わなかった。そんなことは金輪際訊ねたりしなかったからな」そう言ってから、父はいつものように黙りこんでしまった。

マサチューセッツ州ウェスト・フィッツバーグのサンボーン通りにあったわが家からふた筋ほど行ったところに聖心《セイクリッド・ハート》教会があった。この教会で父は祖父に別れを告げた。私が知らない祖父だった。この教会は子どもの私にとって聖なる空間で、夫婦喧嘩や借金や、深酒、辛い工場での仕事からの避難場所だった。この教会で洗礼を受け、キリスト教の教えを叩きこまれた。公立学校での勉強が終わると、月曜日の午後はいつも、ウォルター通りにある教会までとぼとぼと歩いて通い、みっちり二時間教理問答を叩きこまれた。

はじめて教会に行ったあの日のことを、いまでもよく覚えている。従兄弟のパティのそばに座って、新品の教理問答集を握っていた。教壇にはふたりのシスターが立っていた。

――さあ、最初の頁を開いて、そこに書いてある三つの質問とそれに対する三つの答えを暗記しなさい。「私を創ったのは誰か」「神があなたを創った」「神はなぜ私を創ったのか」「神を愛し、神に仕えるため」「私が死んだらどうなるのか」「永遠に天国の神とともにある」

ボストングローブ紙の日曜版を読んでいたら、末期癌の恐怖におののくある女性の記事が目に飛びこんできて、私をぞっとさせた。その記事はこんなふうにはじまっていた。「若い身空で絶望し……エイドリアーナ・ジェンキンスは神の存在を――あるいは、自分の運命をといったほうがよかろうか――疑った」「人が死んだら、この世から消える。『灰は灰へ、塵は塵へと帰る』」しかし彼女がいつも思い描いていた死（終末）とはこうだ。――苦痛が去る。意識が浮上する。病院のベッドのまわりに集まった弔い人たちを見下ろす。一瞬の閃光がひらめく。そして最後に無が訪れる。「ちょうど電気のスイッチを切るように」これが懐疑論者（神を捨てた者）が行き着く終末図だ。人は死に、やがて無に帰す。

はじめて葬儀なるものに参列したのは、たしか一九六九年のことだった。母方の祖父、サム・ラモーの葬式だった。あれから何十回となく掘りたての墓穴のふちにたたずむたびに、当惑し、茫然としていた。この「死」をどう考えたらよいのか、どう受けとめたらよいのか、と問いつづけた。本当にたったふたつの選択肢しかないのか。魂の永遠か、魂の消滅か。

永遠の命を疑い忘却におののきながら、背後の宇宙に充満する不快な物音、あのどんよりとした恐怖が、いつも私から離れなかった。私という存在は永遠に生きるのか、それとも無に帰してしまうのか、いったいどちらが真実なのか。もしも永遠の魂というものが存在するとしたら、私は天国に昇るのか、それとも地獄へ落ちるのか？　永遠に倦みつつ生きるのか、それとも至福を生きるのか。孤独のうちにか、それとも、神とともにか。

この世は永遠かそれとも虚無か。ブッダは学者や宗教家たちからこの両極端の哲学について多くの質問を受けながら生涯を送ったが、永遠の魂が在るかとたずねられると、永遠の自我はないと答えた。人は死とともに忘却のうちに消滅するのかと訊ねられると、無に帰すことはない、とブッダは答えた。ブッダは両方の観念を認めなかった。

私には親友がひとりいて、彼は有名な海洋生物学者だ。大多数の人々が考えるように、彼も人が死んだら永遠に無に帰すと信じていた。無信仰や絶望観からそう考えたのではなく、ゆるぎない科学への信頼からそう考えていた。自然科学の世界、彼のまわりで開花していく宇宙の美しさ、そして、この宇宙を理解して読み解く人間の能力を、彼は信じていた。

ティク・ナット・ハン師もまた、智慧（理解）を求める人間の能力に限りない信頼を寄せている。しかし師のめざすところは、単なる科学的知識の蓄積ではなく、純粋な探求に基づいた解放（自由）と深い人間の智慧なのだ。自己の体験のなかから本書を綴りながら、ティク・ナット・ハン師は永遠の魂か虚無かという両極端の哲学に代わる驚くべき考えを提案する。師は私たちにこう語りかける。「有史以前からあなたがたはすでに解き放たれているのです。誕生と死は、私たちがただ通りすぎていく扉にすぎません。それは私たちの旅路が越えていく聖なる敷居です。誕生と死はかくれんぼうのようなものです。私たちは誰ひとりとして、いまだかつて生まれたこともなく、また、死ぬこともできません」「来たりて行く（去来）という観念によって、私たちの最大の苦しみが生まれるのです」永遠と忘却のあいだにある「中道」の喜びと自在さを自分の力で知ることができるように、師は倦むことなく私たちを「深く見つめる」練修へと誘う。詩人の感性で、命のパラドックス（逆説）を探求し、幻のヴェールをやさしく引きあげる。死への恐怖は誤った知覚作用と誤った認識によって引き起こされることを、おそらくはじめて、私たちはしっかりと見つめようとしている。

師の生死への洞察は妙を得て的確だ。すべての精妙なものがそうであるように、静かな観想のうちに、ゆっくりと味わい観取されるにふさわしいものだ。ティク・ナット・ハン師の人間性と慈悲の深い水源から湧きでてくる癒しの香油をともに味わいたい。

NO DEATH,
NO FEAR

Contents

死もなく、怖れもなく

目　次

第5章　新しいはじまり　105

第6章　幸福のすみか　119

死もなく、怖れもなく

生きる智慧としての仏教

ONE

Where Do
We Come From?
Where Do
We Go?

第１章

私たちはどこから来て どこへ行くのか

フランスの寓居にジャポニカ（ボケ）の茂みがある。毎年春になると花を咲かせるが、ある年、暖冬のために早くから花芽をつけたことがあった。夜に急に冷えこんで霜が降った翌日、歩く瞑想をしていると、顔を出したばかりの新芽がみんなやられているのに気づいた。ふと、思いがよぎる。「今年の新年は、仏壇を飾る花が足りなくなるかもしれない」数週間後にまた暖かくなって、庭を歩いていると、ジャポニカの花の新芽がでていた。私はジャポニカの花に訊ねてみた。「おまえは霜にやられたあの花ですか、それとも別の花ですか」花が答える。「先生《タイ》、私たちは同じ花でもなく、違う花でもありません。条件が整うと姿を顕《あらわ》し、条件が欠ければ隠れます。それだけのことです」

これがブッダの教えだ。条件が満ちれば顕れ、条件が欠ければしりぞく。そして時が満ちて、顕現する瞬間《とき》を待つ。

母は私を生む前に子どもを身ごもったが、流産してその子は生まれてこなかった。若いころ私はよく自問した。あれは兄だったのか、それともあの子が私だったのか。あのときこの世に生まれでようとしていたのはいったい誰なのか。その子が生まれてこなかったのは、生まれるための条件が十分に整わなかったのだ。その子はもっとよい条件が整うのを待つことにしたのだろう。「私は引きさがります、お母さん。またすぐに戻ってきますよ」この子の意志は尊重されなければならない。このような目で世界を見ることができたら、苦しみは減るだろう。母が失ったのは兄だったのか。いや、もしかしたら、あのとき生まれでようとしていたのは、私だったのかもしれない。しかし、「まだ時が満ちていない」と言って、私は生まれてこなかった。

無になること

私たちが一番恐れているのは、死んだら無になるということだろう。この身は一回きりの人生で、産み落とされた瞬間から、あるいは、母の胎内に宿った瞬間から、死ぬ瞬間までの寿命にすぎないと考える。人は無から生まれ、死んだらふたたび無に帰ると考えているので、いつも無に帰《き》すことへの恐怖におののいている。

ブッダは生についてまったく異なった見解をもっていた。生と死は単なる観念にすぎない。生も死も真に実在するものではない。生と死が本当に在《あ》ると考えることが、私たちを苦しめる強烈な幻想を創りだす。ブッダは教えている。生もなく、死もない。来るものもなく、行くものもない。同じものもなく、異なるものもない。永続する自我もなく、その消滅もない。私たちがあると思っているだけだ。死とともに消滅することなどできないと理解するとき、人は恐怖から解放される。これこそが大安心。これによって私たちは真新しい人生を味わい生きることができる。

愛する人をとり戻す

愛する人を失ったときにも、同じことが起こる。生を支える条件が整わないときに条件はしりぞく。私は母を亡くしたときひどく落ちこんだ。七、八歳の子どものころは、いつか母を失うときがくるなど想像もできない。しかしやがて人は成長し、誰もが母を失っていく。もしあなたが練修の仕方を知っていれば、別離のときがきても、ひどく苦しまなくてもすむだろう。母親はいつもあなたのそばにいることがわかるからだ。

母がこの世を去った日に、私は日記に書いている。「あがないがたい人生の不幸が訪れた」と。私は母の死後一年以上苦しんでいたが、ある夜のこと、ヴェトナムの高地にいた私は、寓居の小屋のなかで母の夢を見た。私は母とならんで座り、楽しげに話をしていた。髪を梳きおろした母は若くて美しかった。一緒に肩を並べて座り、死んだ母ではなく、生きた母と語りあうことの喜びにひたった。朝の二時ごろに目が覚めると、私は母を失ってはいない、という衝撃が身を走った。母は私のそばにいるという生々しい感覚だった。そのとき私は悟った。母を失ったという思いは、私の頭がつくりあげたただの想念だった。あの瞬間、母はいつも私のなかに生きていると悟った。

外にでると、向こうの山腹がすっぽりと月光につつまれていた。山腹は一面茶畑で、私の小屋は寺の裏手を半分ばかり登ったところにあった。何列も畝がつづく茶畑を抜けてゆっくり歩いていくと、母はまだ私のそばにいた。母は月光となって、昔のように優しく愛しそうに私を抱きしめてくれる。足が地面に触れるたびに、母は私と一緒に歩く。この身体は私だけのものではなく、父や母、祖父母たちの生きた連続体だ。この身体は私のすべての先祖のもの。私が「私の」脚として見ているものは、実は「私たちの」脚だった。母と私は一緒に、ぬかるんだ土の上に足跡を残していった。

あの夜から、母を失ったという私の想いはぷっつりと消えた。手のひらを見つめ、頬をなでるそよ風を感じ、足下の大地を感じ、母はいつも私とともにいる、母はいつでも私の手のとどくところにいる、と思いだすだけでよかった。

愛する人を失うのは辛く苦しいことだが、深く見つめる方法を知っていれば、生にも死にも犯されない、愛する人の本質に気づくことができる。顕現し、中断し、ふたたび別のかたちで顕現する。その人の新しい現れに気づくためには、はっきりと目覚めていなければならない。練修と努力がこれを可能にする。

練修の方法を知っている人に手をとられて、一緒に歩く瞑想をしてみてほしい。道々の木の葉、花、小鳥、露のしずくに注意を向け、立ちどまっては深く見つめる。あなたの愛する人が、さまざまなかたちとなって、何度も、何度もあなたの前に立ち現れてくることに気づいただろうか。そのとき、あなたはふたたびいのちの喜びを抱きしめるのだろう。

何も生まれず、何も死なない

フランスの科学者、ラヴォワジェが明言した。「何ものも生じず《リエン・ヌ・ス・クレ》、何も失われない《リエン・ヌ・ス・ペルド》」仏教の修行はしていないが、ラヴォワジェは科学者としてブッダと同じ真理に到達している。人間の本質は、不生不滅だ。この真理に触れるとき、非存在や消滅の恐怖を超えることができる。

条件がそろうと何かが顕現する、とブッダは説いた。私たちはそれを生（存在）と呼び、ここからひとつふたつ条件が抜け落ちると、ものは同じようには顕現しなくなり、私たちはこれを死（非存在）と呼ぶ。ブッダによれば、何かが存在する・存在しないと考えるのは誤りで、実在の世界では完全な存在・非存在はありえない。

テレビやラジオを考えてみたら簡単にわかる。いまテレビもラジオもない部屋にいるとすると、その部屋にいるあいだは、テレビやラジオの番組は存在していないけれど、この部屋のなかには電波信号が飛び交っている。番組の信号はいたるところに在るので、もうひとつの条件、つまりラジオかテレビがそろえば、番組のかたちや色や音声が出現することになる。それを生みだすラジオやテレビがないからといって、ここに信号が存在しないとはいえない。テレビの番組を映しだすための条件や原因がそこになかったために、番組が存在していないように見えただけだ。これを非存在――そのとき、その部屋には、番組が存在しなかった――と私たちは言う。知覚することができないからといって、それが存在しないと考えるのは、はたして正しいだろうか。存在・非存在という観念が、私たちを混乱させる。存在・非存在の観念に照らして、私たちは何かが在るとか無いというが、この存在・非存在という観念は、世界の現実《リアリティ》には適用できない。

上もなく、下もない

上下という観念も同様だ。上や下があるというのはまちがいで、自分から見て下にあるものは、別の場所にいる人から見れば上になる。ここに座っていれば、頭のほうが上で、反対側が下になる。

地球の反対側で坐禅をする人たちは、こちらが上という方向を、上とは認めない。逆立ちして坐禅を組んでいるのではないので、こちらの上は、あちらの下になるからだ。上下という観念はつねに何かを基準にして上とか下を指すものだから、宇宙の現実には適応しない。上下とは、自分と環境を関係づけるための便宜上の観念にすぎない。上下は関係性の視点を与えてくれるもので、現実には存在しない。この世のリアリティはすべての観念や概念を超越している。

観念の虜になる

概念や観念について、ブッダのおもしろいたとえ話がある。若い行商人が帰宅すると、男の家は強盗に襲われて焼き払われていた。焼け落ちた家の外に小さな焼け焦げた遺体を見つけた男は、それが愛する息子だと思った。男は、息子がまだ生きていることを知らなかった。盗賊が家を焼き払って、息子を連れ去ったとは、知る由もなかった。混乱した状態で、そこで見つけた遺体を息子だと思いこんでしまったのである。男は悲嘆にくれて泣き叫び、胸を打ち、髪を引きむしり、やがて息子を荼毘にふす準備をはじめた。

男は幼い息子を溺愛していた。息子が男の生き甲斐だった。息子への想いは消しがたく、息子の灰を片時も手放せず、毎日遺灰をビロードの袋にいれて持ち歩いた。昼も夜も、働いているときも休んでいるときも、片時も息子を手放さなかった。ある晩のこと、息子が盗賊のもとから逃げ帰ってきた。父親が建てた新しい家までたどりついた息子は、真夜中の二時に、必死になって扉を叩いた。父親は遺灰を抱きしめ、泣きながら叫んだ。「誰だ！」

「あなたの息子です」――少年はドアの隙間から叫んだ。

「何の魂胆か。おまえはわしの息子ではない。息子は三か月前に死んだ。ここに、こうして遺灰がある」少年はドアを叩き、家に入れてくださいと懇願しつづけたが、父親は頑として拒みつづけた。わが子はもう死んだ。ドアを叩く子どもは、いたずらをしているのだ。心ない嫌がらせをされている、そう思いこんで疑わなかった。ついに少年はあきらめて、いま来た道を戻っていき、父は永遠に息子を失ってしまった。

ひとつの観念にとらわれて、それを「真実」と思いこんだら、真実を知るチャンスを失うとブッダは教えた。真実が人の姿になってドアを叩いても、あなたはそれを頑なに拒むだろう。真実についての思いこみや幸福に必要な条件にとらえられたときは、よくよく注意しなければならない。気づきのトレーニングの第一番目は、さまざまな見解から自由になる練修だ。

狂信や不寛容によって作られる苦しみに気づき、いかなる教義、理論、イデオロギーに対しても、たとえそれがブッダの教えであっても、盲目的心酔を避け、束縛されないことを決意する。仏教の教えは深く見つめることを学び、理解と慈悲を育てるためのガイドラインだ。

闘ったり、殺したり、死ぬための教理ではない。

これは独断的にならないための練修だ。世のなかには、独りよがりな態度が引き起こす苦しみがたくさんある。第一の気づきのトレーニングは、自由な人間でありつづけるための大切な練修といえる。観念や概念にとらわれてしまったら、自分だけでなく、愛する人をも苦しめることになるのだから。

不去・不来……行くこともなく、来ることもない

私たちの最大の苦しみは去・来という観念によって引き起こされる。愛する人はどこかからやってきて、どこかへと消えてしまったと考えているのだ。しかし、この世の真実は不去・不来であって、私たちはどこからも来ないし、どこへも行かない。条件が整えば顕れ、条件が十分でなくなれば顕れない。私たちが存在していないのではなく、ラジオがないときの電波のように、ただ顕現していないだけなのだ。

般若心経にあるように、不去・不来だけでなく、存在・非存在という観念もない。「お

聞きなさい、シャーリプトラ（舎利弗）よ、万法（万象）は空なのです（色即是空）。創られもせず、破壊されもしない（不生不滅）。増えもしないし減りもしない（不増不滅）」

ここでは空の意味が大切だ。まず、他から切り離されて存在する自己がない。他から切り離されて存在するものは何もない。何ものもそれ自体で存在しない。事物を注意深く調べてみたら、自分自身を含めたすべての現象は合成されたものだとわかる。私たちは私たち以外のものからできている。父母、祖父母、身体、感情、知覚作用、思い（こころの形成物）、地球、太陽など、数えられないほどの自己ではない要素からできている。

すべては原因と条件に依存する。かつてあったもの、いまあるもの、将来存在するであろうものはすべて、相互にかかわりあい、相互に依存しあっている。いま目前に見ているものはすべて、それ以外のものの一部として顕現する。顕れるための条件が整ったから顕現している。森羅万象のすべては、顕現というたえまないプロセスのなかにあって、創られもしないし、壊されもしない。

これを頭で理解することができても、理性的理解だけでは十分ではない。これを真に理解するためには、怖れから自由でなければならない。これによって人は光明を得る。相依相関《インタービーイング》を生きることによってこれが可能になる。

日々の生活のなかで不生・不死にめざめ、理解し、育てていくためには、深く見る練修をしなければならない。このようにして「怖れがない」というすばらしい悟りの賜物を得ることができる。

インタービーイングをただ理論として語っても、何の手助けにもならない。私たちは問うてみなければならない。「一枚の紙よ、あなたはどこから来たのか。あなたは誰で、ここに何をしに来たのか。そしてどこへ戻って行くのか」炎に訊ねてみよう。「炎よ、あなたはどこから来て、どこへ行くのか」じっくり返事に耳を傾けると、炎が昇り、一枚の紙がその実在によって応えてくれる。私たちにできることは、ただ深く見つめて炎の返事に耳を傾けることだ。「わたしはどこからも来ない」

ジャポニカの花の答えも同じだろう。あのふたつの花芽は同じでもなく、違ってもいない。どこかから来たのでもなく、どこへも行かない。赤ちゃんが亡くなっても、悲しんではいけない。そのときその子が生まれてくる十分な条件が整わなかっただけで、いつかきっとその子はやってくるだろう。

悲しみは無知のなかにある

大いなる人、観世音菩薩《アヴァローキテーシュヴァラ》はブッダの弟子であった。ある日、深い理解の流れに集中していたとき（行深般若波羅蜜多時）、突然、すべてのものが他と切り離された自己をもたないことを看取した（照見五蘊皆空）。これによって観世音菩薩は無知を克服し、みずからの悲しみの根を絶った（度一切苦厄）。

深く見つめることによって、私たちにもわかるはずだ。生も死もなく、来ることも行くこともない、在ることも無いこともなく、また同じことも異なることもない。

この練修を行えば、おおいに人生の浪費から救われる。悲しみや苦しみを減らすために学ぶ練修はたくさんあるけれども、覚者の智慧の醍醐味は不生不滅の洞察にある。この洞察に至るとき、私たちは完全に怖れから脱却できる。そうすれば、先祖から伝えられた膨大な遺産を享受することができるだろう。日々時間を捻出して、この深くすばらしい教えを実践すべきなのだ。

顕現を敬う

瞑想者の目で友を見たら、友のなかに連綿とつづく先祖たちが見えるだろう。友の身体も自分の身体も先祖たちの聖なる家とわかるので、友を敬い、みずからの身体も大切にするだろう。

また、私たちの身体は、未来の子孫たちの源《みなもと》であるともわかるだろう。自分の身体を痛めれば、子孫に思いやりを示さないことになるから、身体を痛める薬物や有害な飲食をしないだろう。顕現の洞察が明晰に、責任を持って、健全に生きる手助けをしてくれる。

内と外という観念も同じように正しいものではない。ブッダは私たちの内にいる、両親は私たちのなかにいる、両親は私たちの外にいる、ブッダは私たちの外にいる――私たちがこのように言うならば、これらの内・外の観念は適切に使用されていない。私たちは観念にとらわれている――特に去・来、存在・非存在の観念の虜になりやすい。観念を脱却したときにはじめて、涅槃という実在が姿を現す。存在する、存在しないという観念がすべて消え去ったとき、実在がみずからの姿を顕現する。

体験にすぐるものなし

ミカンやドリアンの例を引いて、わかりやすく説明してみよう。ミカンやドリアンを食べたことがない人がいたら、どんなイメージや比喩をつかって説明しても、これらの果物のリアリティを伝えることはできない。なすべきことはひとつだけ——この人にその果物を食べてもらうことだ。「そうね、ドリアンはジャックフルーツ（パラミツ）とかパパイヤにちょっと似ているかな」と言葉で説明してみても、ドリアンの味を味わってもらうことはできない。ドリアンは概念も観念も超えてそこにある。ミカンについても同じだ。ミカンを一度も食べたことがなかったら、どれだけミカンの味をわからせたいと思っても、それを描写して伝えることはできない。ミカンのリアリティは観念を超えているからだ。涅槃もまた同じだ。それはすべての観念を超越した実在のすがたなのだ。涅槃という観念をもったために苦悩が生まれる。直接体験だけがそこに至る唯一の道だ。

TWO

The Real Fear

第2章

本当に怖ろしいこと

人は死を怖れ、別離を怖れ、無を怖れる。西洋では無がとても怖れられる。彼らは空と聞いてもむやみに怖がるが、空とは観念の消滅にすぎない。空は存在の反対語ではなく、無や消滅の同義語でもない。存在や非存在という観念を手放さなくてはならない。空が私たちを助ける道具となる。

実在《リアリティ》は存在や非存在とは何の関係もない。「生きるか死ぬか——それが問題だ」とはシェイクスピアの言葉だが、ブッダならこう言うだろう。「生きるか死ぬか、それは問題ではない」生と死は単に相対するふたつの観念にすぎない。生も死も実在せず、また実在を描写したものでもない。

目覚めた洞察力は永遠不変（常）という概念ばかりでなく、無常という概念をもとり払う。空の概念も同様だ。空はひとつの道具であるが、とらわれれば道に迷う。ブッダは宝積経（Ratnakūṭa Sutra）で言われた。「存在・非存在という概念にとらえられたときには、空の概念が救いだしてくれる。しかし空の概念にとらわれたら、もはや希望はない」空についての教えは空という真実の洞察を得るための道具となるが、もしこの道具を洞察そのものと混同するならば、あなたは観念の虜になってしまうだろう。

涅槃《ニルヴァーナ》という概念をいだいてしまったら、すぐに捨てなくてはならない。涅槃とは、涅槃の概念も含めたすべての概念がない状態を指す。もし涅槃という概念にとらわれてしまえば、涅槃にはとうてい触れられない。この深い洞察と発見によって、ブッダは怖れも不安も苦悩もない、生死を超えた境地に至られた。

概念を燃やす

いまここにマッチがあれば、火をつける条件が整う。マッチでつけた炎が、十分に燃えつづけたら、それはやがてマッチをも焼き尽くすだろう。火をつけるのはマッチだが、火そのものがマッチを焼き尽くす。無常の教えもこれと同じだ。無常の教えが無常への理解をめざめさせ、無常の洞察が無常という観念を燃やし尽くすものとなる。

私たちは永遠不変という観念ばかりでなく、無常という観念をも超えなければならない。

これによって涅槃に触れることができるのだ。無我も同じで、無我はマッチのように、無我の洞察の火を燃やしてくれる。無我に目覚めた理解の力によって、無我というマッチが焼き尽くされるのだ。

無我、無常、涅槃などの観念を貯めこまないために、私たちは修行をする。貯めこむだけならカセットレコーダーと同じだ。いくら観念を詮索しても、吹聴しても、それは仏教の学修や修行にはならない。大学に行けば仏教を学べるが、理論や観念の学びにすぎない。私たちは観念を超えて、真の洞察を得ることをめざしている。それは、すべての観念を燃やし尽くして自由になることなのだ。

涅槃はどこに

二五セント硬貨を見てほしい。表面はヘッド（頭）、裏面はテール（尻尾）と呼ばれる。ヘッドとテールは両方が揃わなければ存在できない。コインの素材の金属はこの両面を含んでいる。金属がなければコインの両面は存在しない。ヘッド、テール、金属の三つの要素は相互共存《インター・アー》している。この場合、金属が涅槃に、ヘッドとテールは無常と無我が姿を現したものにたとえられる。テールとヘッドがある（顕現する）おかげで金属の存在に触れ、それと認識できるのだ。同様に、無常と無我の本質を深く見つめることによって、涅槃の本質に触れることができる。

涅槃という究極の次元は、歴史的次元と切り離して考えることができない。歴史的次元に深く触れたそのときに、私たちは究極の次元に触れることができる。究極の次元は常にあなたのなかに在る。修行者にとって、みずからの無常と無我という本質に触れることはたいへん重要になる。これに成功すれば、涅槃の本質に触れ、怖れを超克することができる。静かに微笑みながら、生死の波に乗ることができる。

歴史的次元と究極の次元

私たちは毎日の生活のなかで歴史的次元を通して現実を見ているが、同じ現実を究極の次元のなかで見ることもできる。現実は歴史的次元のなかにも、究極の次元にも顕現することができる。私たちもこれに似ている。日常の歴史的次元に関わりながら、誰もが究極への関心を抱いている。

神や涅槃、あるいは究極の平和を求めるとき、私たちの関心は究極なるものに向かう。名誉、利益、社会的地位、仕事——そういった日常生活の物事に関心を持って生きながら、自分の本質についても関心をもっている。深く瞑想することは、究極への関心を満たすための第一歩だ。

波は水

海の表面を見ると、波が盛りあがっては沈んでいる。私たちはこれを、波が高い・低い、大きい・小さい、力強い・弱々しい、美しい・美しくない、などと言う。あるいは、波の始まりと終わり、波の生と死と表現するかもしれない。このような説明は、歴史的次元に喩えられる。歴史的次元においては、私たちは生や死、強さや弱さ、美や醜、始まりや終わりに関心をいだいている。

もっと深く見つめると、私たちは波が同時に水であることに気づくだろう。波は自分の本質を知りたくてつぶやくかもしれない。「私はほかの波のように大きくないわ」「私は押しつぶされそう」「私はほかの波のように美しくないわ」「私は生まれて、死んで行くのね」波はこうした想いに苦しんでいるようだが、もし自分の内面をのぞいてその真実に触れたら、自分が水だということに気づくだろう。そのとき波の恐怖やコンプレックスは消え去る。

水は波の生死から解放されている。水には高いも低いもなく、美しいも醜いもない。波の立場にいるから、美しい・醜い、高い・低いと考える。水として考えれば、これらすべての観念は意味を失う。

私たちの命の真実には、生も死もない。私たちは自分の本質に触れるためにどこかに行く必要はない。波は水を探す必要はない。なぜなら波は水だから。私たちは神も、究極の次元も、涅槃も探す必要はない。私たち自身が涅槃であり神であるからだ。

あなたが探しているのはあなた自身なのだ。あなたはすでにあなたがなりたいと思うものになっている。波に教えてあげよう。「波さん、あなたは水なのですよ。水を探しにいかなくてもいいのです。あなたはその身のままで無差別、不生、不死、非存在、非非存在なのですよ」

波のようにあなたも練修してみてほしい。時間をかけて深く自分を見つめてみたら、この身のままの自分が生まれることもなく（不生）、死ぬこともない（不死）ことがわかる。

こうして壁を突破し、怖れなき自由な自分へとはばたくことができる。このように練修したら、私たちは恐れなく生き、この世を去るときにも、後悔なく平和に死んでいくことができるだろう。

心に悲しみを秘めている人、愛する人を失った人、死や忘却、魂の消滅の恐怖にとり憑かれている人は、すぐにでもこの教えの練修にとり組んでみよう。うまくいけば、雲やバラの花、小石や子どもたちを、ブッダが伝授してくれた覚者の目で見ることができるようになる。不生、不死、不来、不去の真実のすがたに触れると、怖れや不安や悲しみから解放される。そのときはじめて、あなたは何が起きても微笑みながら、揺るぎなく、静かに、こころの平和を手にすることができる。あなたがこのように生きることができたら、まわりのたくさんの人たちに、助けの手をさしのべることもできるだろう。

生まれる前にあなたはどこにいたのか

「あなたの誕生日はいつですか」と、ときどき訊ねられるけれど、「誕生日といわれている日の前に私はどこにいたのだろう」と自問してみるほうがおもしろいかもしれない。

雲に訊ねてみよう。「あなたはいつ生まれたの？　生まれる前には、あなたは何だったの？」

「あなたはいまいくつですか。そしていつ生まれたのですか」と雲に訊ねて、耳を澄まして聞いていると、雲の返事が聞こえるかもしれない。雲が生まれた日のことを想像することができるだろう。雲は生まれる前には、大きな海の水だった。もしかしたら、川かもしれないが、そこから雲は蒸気になった。雲は太陽でもあった。太陽が蒸気をつくるから。風だったかもしれない。水が雲になるのを助けたのは、風だから。雲は無から生まれたのではない。かたちが変化しただけで、何もないところから、何かが生まれたのではない。

やがて雲は雨や雪や氷に変わっていくだろう。もしあなたが雨をじっくりと見つめてみたら、雲が見えるはずだ。雲が消えたのではなくて、雲は雨に変わり、雨は草に変わり、草は牛に変わり、それからミルクに変わって、あなたが食べるアイスクリームに変わった。今日、もしあなたがアイスクリームを食べるなら、食べる前にちょっと止まって、アイスクリームに訊いてごらんなさい。「こんにちは、雲さん、かくれんぼをしても、あなたがここにいることが分かりますよ」このように観ていくと、あなたはアイスクリームと雲の本当の性質を深く知ることができる。アイスクリームのなかに、海も川も、熱さも太陽も、草も牛も見ることができる。

深く見つめてみたら、雲が本当に生まれた日も、本当に死んだ日も、あなたにはわからない。雲が雨や雪に変わることだけが、本当に起こっている。死がないのは、いつも連続があるからだ。雲は海からでき、川や太陽の熱や雨が雲を引き継いでいく。

雲は生まれる前からずっとそこにいた。あなたが今日、コップに一杯ミルクやお茶を飲むとき、アイスクリームを食べるときには、呼吸に戻って、お茶やアイスクリームをじっと見つめて、雲に挨拶をしてみよう。

ブッダがじっくりと時間をかけて深く見つめたように、私たちもやってみよう。ブッダは神ではなく、私たちと同じ人間だった。苦しみながら修行をつづけ、自分の苦悩を克服して、深い理解と智慧と慈悲を体得した。だからこそ、私たちはブッダを師と、兄弟と、仰ぐのだ。

私たちが死を怖れるのは、この世に実際に消滅するものなどないということを理解していないためだ。ブッダは死んだといわれるが、それは真実ではない。ブッダはいまも生きている。まわりを見渡してみると、いろんなかたちでブッダが見えるはずだ。ブッダはあなたのなかにいる。あなたは事物の深層を深く観てきて、本当の意味で生まれるものも死ぬものもないことを知っているからだ。あなたはブッダの新しいかたち、ブッダから連続しているものなのだ。自分を信じて自信をもとう。あなたが立ちどまるところ、至るところにブッダが姿を変えたものが見えるだろう。

私は昨日の私だろうか

ここに私の一六歳のときの写真がある。果たしてこれは私の写真だろうか。私にはよくわからない。写真に写っているこの少年は誰なのか。いまの私と同じ人間か、それとも別人か。これに答える前に深く見つめてみよう。

写真のなかの少年といまの私は同一人物だと思う人がほとんどだけれど、この少年がいまの私であるならば、どうして私たちの容姿はこんなに違っているのだろう。あの少年はまだ生きているのか、それとももう死んでしまったのか。少年はいまの私と同一人物ではないし、別人でもない。あの写真を見る人は、写真のなかの少年はもういないと考えるかもしれない。

人間は肉体（色、物質）、感情（受、感受作用）、知覚（想、表象作用）、思い（行、意志作

用）、意識（識、認識作用）からできている。これらのすべては、あの写真が撮られたときからすっかり変わってしまった。あのころの私とは似ても似つかない別人になったようにさえ見える。しかし、もし写真の少年がいなかったら、いまの私も存在していないことは明らかだ。雨が雲の連続であるように、私もひとつの連続した存在ということになる。もっと深く見ていけば、写真のなかに老人の私を見ることができるだろう。これから五五年も待つ必要はない。レモンの木に花が咲いたら、その木を深く見つめてみよう。レモンが実をつける前に、レモンの果実はすでにそこに在る。レモンの実は、すでにレモンの木のなかに存在している。いまレモンの木には枝や葉や花しか見えないけれど、時が経てば、木はレモンの実のなかにみずからを顕すだろう。

四月のヒマワリ

四月にフランスに来てもまだヒマワリは見られないが、七月ならプラムヴィレッジのまわりには数えきれないヒマワリの花が咲く。四月には、ヒマワリの花はどこにいるのだろう。四月にプラムヴィレッジに来てじっと見つめてもらいたい。ヒマワリが咲き乱れているのが見えるはずだ。農夫が土地を耕して種を蒔くと、ヒマワリの花たちはじっともうひとつの条件が満ちるのを待っている。五月と六月の温かさを待っている。ヒマワリの花はすでにそこに在るが、いまはその姿を顕せない。

ここにマッチ箱がある。これを深く見つめてみよう。そのなかに炎が見えるだろうか。そこに炎が見えたら、あなたはもう目覚めている。マッチ箱を深く見つめたら、炎がそこにあることがわかる。炎を現すためには誰かの小さな指の動きがあるだけでよい。「炎さん、私にはあなたが見えるんだ。さて、マッチをひと擦りして、あなたを呼びだすとしよう」

炎はつねにマッチ箱のなかにも空気中にもある。もし酸素がなければ、炎は現れない。ロウソクに灯をともしても、何かで炎を覆ったら、酸素が切れて炎は消える。炎の生存は酸素にかかっている。炎がマッチ箱の内部にあるとか、外部にあるといういいかたはできない。炎は時間、空間、私たちの意識のなかのどこにでも存在している。炎はあらゆるところにあって、自分の姿を現すのを待っている。私たちは炎がすがたを現す手助けをする条件のひとつとなるが、こんどは、炎をふっと一吹きすると、炎のすがたを消す手助けをすることになる。炎を吹き消すとき、私たちの息は、炎の姿をした炎の現れを消滅させるひとつの条件となる。

マッチで二本のロウソクに火をつけて、マッチの炎を消してみる。このとき、あなたはマッチの炎は消滅したと思うだろうか。炎の性質は生まれも死にもしない。むしろ二本のロウソクの炎が同じものか異なるものかが問題になるだろう。それは同じでもないし、異なってもいない。ここで、もうひとつ疑問が発生する。マッチの炎は死んだのかという疑問だ。その炎は死んだともいえるし、死んでいないともいえる。本質的に炎は消えたり、生じたりするものではない。たとえば、ロウソクを一時間燃やしつづけるとき、そのロウソクの炎は同じ炎のままだろうか、それとも別の炎なのだろうか。ロウソクの芯もロウも酸素もつねに変化している。燃えている芯とロウの一部は、刻々と変容しつづける。これらが変われば、炎もまた変わらざるをえない。このように考えると、炎は同じでもなく、異なってもいないということになるだろう。

存在の対極は消滅ではない

私たちは存在の反対は非存在（無）だと考えている。これは、左右という概念同様に根拠がない。一本のペンの右側だけを完璧にとり去ることができるだろうか。ナイフでペンの半分だけを切りとっても、残ったペンにはまだ右側が存在している。政党の右翼・左翼も、決してなくならないという意味で、不死といえる。右翼があれば、必ず左翼がでてくるからだ。

政治的左派に所属する人たちは、つねに右派の存在を待ち望むにちがいない。右をとり去ったら、即座に左も消える。「かれあるがゆえに、これあり。かれ生ずるがゆえに、これ生ず」と、ブッダは言われた。これはブッダのこの世のはじまり(創世)についての教えで、「縁起」という。ここに炎があるのは、そこにマッチがあるからだ。マッチがそこになければ、炎は存在しない。

答えはあなたのなかに

炎はどこからきたのか。この問いを深く見つめてみなければならないが、蓮華坐を組んで瞑想するにはおよばない。答えはすでにあなたのなかにある。炎が姿を現すには、もうひとつの条件を待ちさえすればよい。ブッダは誰でも仏性をもつと言われた。仏性とは、真実のすがたを理解してそれに触れる能力だ。答えはすでにあなたのなかにある。先生にできることは、あなたのなかにある目覚めたものの本質、すなわち偉大なる智慧と慈悲に、あなたが自分の力で触れる手助けをすることだけなのだ。ブッダはあなたが自分のうちにある智慧に触れるよう招いている。

多くの人が訊ねる。「死んだらどこへ行くのだろうか。死んだら何が起こるのか」愛する人を失った友は「私の愛する人はいまどこにいるのか。あの人はどこへ行ってしまったのか」と問いかける。哲学者なら「人間はどこから来たのか。この宇宙、この世界はどこから来たのか」と問うだろう。

深く見つめてみれば、すべての条件が十分に揃うと何かが顕現するとわかる。顕れたものは、どこかほかのところからやってきたのではなく、存在が終わっても、どこかほかのところに行ってしまうのでもない。

創造

「創造」とは無から何かが突然生じるという意味で考えられているので、私は「創造」

ではなく「顕現」という言葉を使いたい。深く見つめれば、創造とは顕現によるものとわかる。雲がつねにそこに在るもののなかから現れて、姿を変えると雨になるのと同じように、人間や人間のまわりにあるすべてのものもまた、どこからも来ず、どこへも行かないもののひとつの現れとして理解できる。顕現は消滅の対語ではない。ただ、かたちを変えるだけだ。私たちの生活や宇宙が顕現であると理解すれば、心は何と平和になることだろう。これは愛する人を失って悲嘆にくれる人への朗報だ。あなたが痛みを深く見つめて癒すために。

神は存在の基盤だといった神学者たちがいる。しかし存在とは何か。非存在の反対としての存在ではないはずだ。もし非存在に対する存在という概念であれば、それは神ではない。神は、創造とか破壊といった概念もふくめて、すべての概念を超えたものだから。心のなかにある顕現への洞察力をつかって、創造という概念を深く見つめたら、あなたは創造についての教えの深い意味にたどりつくだろう。何ものも生まれず、何ものも死なない。あるのはただ顕現だけだと悟るだろう。

安らぎを見つける

　私たちは痛みや悲しみの癒しを求めて、キリスト教会、シナゴーグ、モスク、瞑想センターなど霊的な修行の場におもむく。しかし一番大きな安心は、究極の次元に触れることができたときにのみ訪れる。ユダヤ教やキリスト教では、これを神の次元と呼ぶだろう。神は私たちの本質、すなわち不生・不死の本質なので、もし神を信じる方法を知り、あなたの本質に安心して身を任せることができたなら、恐怖も悲しみも消えてしまうだろう。

　はじめは神をひとりの人間のように思いなすかもしれないが、人間（人であること）と非人間（人にあらざるもの）は対立概念だ。もしあなたが神を観念や概念として考えるならば、まだ神の実在を発見したとはいえない。神は人間がつくりだすすべての概念を超えている。神は人間でも非人間でもない。波は無知のために、誕生、死、高い、低い、より美しい、より醜い、他者への嫉妬などの観念に支配されているが、波が自分の本質である水という真実の姿に触れることができれば、すべての恐れや嫉妬心は消え去る。水には生死も高低もないから。

原因……花をつくったのは誰か

花やテーブルや家を見ると、家やテーブルがそこに在るのだから、これをつくった人がいるはずだと考える。人間は、家やテーブルを存在させている原因を究明するのが好きらしい。そして家を生みだした原因は、建築業者、つまり左官や大工だという結論に至る。テーブルを生じさせた原因とは何だろうか。誰がテーブルをつくったのか。それは家具職人ということになるだろう。花をつくったのは誰か。大地か農夫か、それとも庭師だろうか。

私たちはものの原因を極めて単純に考える。そこに何かをもたらすには、ひとつの原因があれば十分だと考えている。しかし深く見つめてみたら、ある結果を生みだすには、ひとつの原因だけでは不十分だとわかる。家具職人はテーブルを生みだすたったひとつの原因ではないだろう。釘やのこぎり、木材、時間、空間、食物、そしてこの家具職人に命と生きるためのさまざまな条件を与えてくれた父と母がいなかったら、家具職人はテーブルをつくりだすことはできなかったのではなかろうか。実際、ひとつのテーブルをこの世に出現させた原因は無数にある。

花を見るときも同じことだ。庭師は花を生みだしたさまざまな原因のひとつにすぎない。土壌や太陽の光、雲、堆肥、種、そのほかの多くのものがなければ、花は咲かない。花を深く見つめたら、全宇宙が一緒になってこの花を咲かせているのがわかるだろう。今日昼食に食べたニンジンを深く見つめてみれば、全宇宙が一緒になってこのニンジンをつくりだしたことに気づくだろう。

このように深く見つづけたら、原因は同時に結果であるとわかる。花を生みだしたひとつの原因は庭師だが、庭師もまた何かの結果であって、庭師は他のたくさんの原因によってここに在る（顕現する）。先祖、父、母、先生、仕事、社会、食物、薬、家……。大工のときと同じように、庭師は原因であり、同時に結果となる。

深く見つめると、原因は同時に結果であることがわかる。ここには、「純粋原因」と呼べるものはいっさいない。深く見つめる練修によって、多くのものが見えてくる。ドグマや概念に縛られなければ、私たちは自由に新しい発見をしていくことができるのだ。

純粋原因などない

「すべてのものの原因は何か」と、ブッダが訊ねられたとき、ブッダは明快にこう答えた。「かれあるがゆえに、これあり」この世に在るすべてのものについて、それが顕現するためには、それ以外のすべてのものが必要となる。花が顕現するためには、花以外のすべてのものに依存しなければならない。花を深く見ていくと、花でないさまざまな要素が認められる。花を見つめると、太陽の光という要素が働いていることがわかる。それは花でない要素だ。花を見つめると、雲という要素も見えてくる。これも花でない要素だ。雲がなければ花は咲かない。鉱物、土壌、農夫など、他の要素がなければ花は咲かない。数えきれない花でない要素が一緒になって、この花の顕現を可能にしている。

このような理由で、何かが姿を現すときには「創造」という言葉に対して「顕現」という表現を私は好む。だからといって「創造」という言葉を使ってはいけないと言っているのではない。創造と言っても少しもかまわないが、そのとき、創造とは無から何かをつくりだすことではないと理解しておいてほしいのだ。創造されたものもまた、破壊されるもの、無に帰すものではない。私の好きな表現を使えば、「すばらしき生成」が創造の真の意味に近いだろう。

THREE

The Practice of Looking Deeply

第３章

深く観る

すべての真正なブッダの修行には、そのなかに、三法印と呼ばれる三つの根本的な教えが含まれている。無常（諸行無常）、無我（諸法無我）、涅槃（涅槃寂静）である。すべての重要な法的文書には立会人の署名ないし捺印が付されるように、正真正銘のブッダの修行にもこれら三つの教えが刻印されている。

最初の法印・無常を深く観ると、すべてが変化するという教えだけではないことがわかる。物事の本質を深く見つめると、つづいておこる二秒間といえども同じではない。一瞬一瞬変化しないものは皆無なので、物事の固定された自己同一性、すなわち永遠の自己というものがない。無常の教えにおいては、不変の自己というものを認めない。私たちはこれを「無我」を呼ぶ。物事が常に変容し、不変の自己を持たないからこそ、自由が可能なのである。

第三の法印は涅槃で、堅牢さと自由、すなわち、すべての観念や概念からの解放を意味する。涅槃の原義は「すべての概念の滅却」である。無常を深く見つめると、無我に行きつき、無我の発見は涅槃へと私たちを誘う。涅槃とは神の国のことである。

無常

無常を理解し実践することとは、単に真実《リアリティ》のありようを別の言葉で説明することだけではない。無常は私たちが変容し、癒され、解放されるための道具でもある。

無常とは、すべてのものが変化し、連続する一瞬一瞬が同じではないことを意味する。物事は瞬間ごとに変化しているが、物事が一秒前にそうであった現実といまの現実が、同じでもなく、また異なってもいないということを、正確に言葉で表現することはできない。

昨日水浴びをした川は、今日水浴びをした川と同じだろうか。ヘラクレイトスは、同じ川に二度足を踏みこむことはできないと言った。彼は正しい。同じ川でありながら、今日の川の水は、昨日泳いだ川の水とはまったく異なる。孔子は川の土手に立って、ゆく川の水を見つめながら言った。「ああ、この川のようにすべてはすぎ去る。昼夜をおかず、とどまることなく」〔『論語』子罕篇〕

無常の洞察は、すべての概念を超える手助けをしてくれる。私たちは無常によって同・異、去・来などの概念を超えることができる。無常は、この川は同じ川ではないが、また異なる川でもないことを教えてくれる。床につく前にベッドの横にともすロウソクの炎は、翌朝燃えている炎と同じものではない。テーブルの上で燃えている炎はふたつの炎ではなく、またひとつの炎でもない。

無常がすべてを可能にする

物事の変化は、しばしば私たちの悲しみや苦しみを惹き起こす。しかし変化や無常にはよい面がある。すべてが無常だからこそ、すべてが可能になる。無常がいのちを可能にしてくれる。一粒のトウモロコシが無常でなければ、トウモロコシの茎はできない。トウモロコシの茎が無常でなければ、私たちが食べるトウモロコシの穂はできない。あなたの娘が無常でなければ、成長して女性にはなれない。そうなれば孫たちも生まれてこないだろう。人生の無常に対して不満を言うよりも、こう呼びかけてみたほうがいい。「無常さん、万歳！　無常さん、大歓迎」きっと楽しくなってくる。無常がつくりだす奇跡を見ることができたら、悲しみも苦しみも通りすぎていくだろう。

無常はまた、相依相関《インタービーイング》の光のもとで理解されなければならない。すべてのものは相依相関《インタービー》しているので、おたがいに影響を与えあっている。地球のこちら側で一匹の蝶が翅をはばたかせたら、地球の反対側の気候に影響を与えるといわれる。物事は同じままでとどまることはできない。すべてのものは、それ以外のすべてのものに影響されるからだ。

無常のトレーニング

無常をアタマで知性的に理解することはできるが、それだけでは真の理解とは言えない。知性だけで自由になり、光明（悟り）にいたることはできないからだ。しっかりと現実に根を下ろして集中しているときには、深く観ることができる。深く見つめて無常の本質が見えてきたら、その深い洞察に集中することができ、無常の洞察が私たちの存在の一部になって、日々の体験に繋がる。無常への洞察を維持することができてはじめて、無常を見つめ、無常を生きることができる。無常を瞑想の対象とすることができたら、無常への理解をはぐくみ育てて、日々の生きた智慧にすることができるだろう。この練修をつづければ、無常は実在の扉を開く鍵となる。

私たちは一瞬だけ洞察力を使って無常の扉を開いて、すぐに覆いをしてまた不変の目で物事を見るような芸当はできない。子どもがいれば、いつでも子どもと一緒にすごせると思いこむ。子どもは数年したら親元を離れて結婚し、自分の家族を持つことになるなど思いもよらないので、子どもとともにすごす時間をおろそかにする。

私は年頃の子をもつ親をたくさん知っているが、子どもは一八歳か一九歳になれば、家を出て独立する。親たちは子どもがいなくなって、はじめてひどく後悔する。子どもとすごす時間を大切にしなかったからだ。同じことは夫や妻についてもいえるだろう。配偶者は生涯あなたのそばにいると思いこんでいるようだが、どうしてそんなに確信が持てるのだろうか。二〇年、三〇年、いや明日ですら、親がどうなるかなど誰にもわからない。日々欠かさず無常の練修をすることが大切なのだ。

無常の目で感情を観る

誰かに悪口を言われて腹が立ち、その人を追い払いたいと思うとき、ちょっと立ちどまってその人を無常の目で深く見つめてみよう。その人が逝ってしまったら、あなたは本当のところどう感じるだろうか。嬉しくなるのか、それとも泣くのか。この洞察の練修はたいへん役に立つ。ここにひとつの偈がある。この偈をつかって瞑想してみよう。

究極の次元で腹を立てる。
私は目を閉じ深く見つめる。
いまから五〇〇年後の世界に
あなたはどこにいるか、
そして、私はどこにいるか。

私たちが腹を立てたときにはどのような反応をするだろうか。ふつう喚いたり叫んだり、金切り声を上げたり、自分の問題なのに誰か他人を責めたてたりするが、無常の目で怒りを見つめたら、立ち止まって、呼吸に戻ることができる。究極の次元でおたがいに腹を立てながら、目を閉じて深く見つめる。三〇〇年後の未来を思い描いてみる。あなたはそのときどうなりたいのか。私はどうなりたいのだろうか。あなたはどこにいるだろうか。私

はどこにいるだろうか。私たちに必要なことはただ息を吸って息を吐く、自分の未来を見つめ、相手の未来を見つめること。必要なことは三〇〇年先の自分を見ることだ。ふたりともこの世を去った五〇年先でも、六〇年先でもいい。

　未来に目を向けると、自分にとって相手はとても貴重な存在だとわかる。いつ相手を失うかもしれないと気づけば、もう腹など立たない。相手を抱きしめて、こう言いたくなるだろう。「なんてすばらしいことだろう。きみはまだ生きている！　どうしてきみに腹など立てたのかな。私たちはいつか死んでいかねばならないのだ。こうして一緒に生きているあいだは、たがいに腹を立てるなんてばからしいじゃないか」

　私たちが自分を苦しめ、相手を苦しめるほどに愚かなのは、ふたりが無常だということを忘れているからだ。いつかふたりが死を迎えるとき、持ちもののすべてを失う。力も家族もすべて。いまここに持っている自由、平和、喜びだけが、私たちの最も大切なものだ。しっかりと目覚めて無常を理解しなければ　幸せになることはできない。

　生きているときには見向きもしないのに、亡くなると、雄弁に故人の追悼文を書いたり、花を手向ける人がいる。その人はもう亡くなったのだ。花の香りを喜ぶこともできない。本当に命の無常を理解して心にとどめるならば、その人をいまここ、この場で幸せにするためなら、何でもできるだろう。愛する人に四六時中腹を立ててすごすのは、私たちが無常に無知だからだ。

「究極の次元で腹を立て、私は目を閉じる」私は目を閉じて、いまから一〇〇年後、あるいは三〇〇年後の愛する人のすがたを思い描く練修をする。あなたが目を閉じて、あなたとあなたの愛する人の一〇〇年後、三〇〇年先のすがたを思い描くなら、今日生きていてよかった、最愛の人が今日生きていてよかったと、ただ感じてみてほしい。目を開くと、あなたのすべての怒りは消えているだろう。両手を開いて相手を抱きしめ、一緒に練修してみよう。「息を吸って、あなたは生きている。息を吐いて、私は幸せ」目を閉じてあなたとパートナーの三〇〇年後のすがたを思い描くこと、これが無常の練修だ。究極の次元に怒りは存在しない。

憎しみもまた無常だ。私たちは瞬間的に憎しみをぶちまける。憎しみも無常だと知っていれば、それを変えるために、何かを始めることができるはずだ。修行者ならば、恨みや憎しみを呼びだして、うまく消すことができるだろう。さあ、怒りのときと同じように、目を閉じて思い描いてみよう。「三〇〇年後に私たちはどこにいるだろうか」究極の次元で憎しみを理解したら、憎しみはたちどころに退散していくだろう。

無常で愛を育てる

私たちは無知な生きもので、無常のことをすぐに忘れてしまい、愛を正しく育てることができない。新婚のときにはふたりは大きな愛に包まれて、おたがいがいなければ一日たりともすごせないと思っただろうに、無常をどのように育てたらよいかわからないと、一、二年もたてば、ふたりの愛は挫折と怒りに変わる。あのときはあんなに愛しあっていたのに、いまでは、どうやってもう一日生きのびたらいいのかと、思案に暮れる始末だ。こうなるともう離婚しか道がない。無常を理解しながら暮らしたら、ふたりの愛を大切に育てることができる。愛は無常とともに生きのびる。愛を慈しみ育てるためには、愛にも世話が必要となる。

無我

私たちは時間と空間のなかに生きている。実在《リアリティ》のすがたを時間的にみると無常、空間的にみると無我になる。ふたつはリアリティの両面で、無常が顕現すると無我になり、無我が顕現すると無常になる。無常であれば、他から切り離された自己がなく、他から切り離された自己がなければ、それが無常となる。すべては日々刻々と変わっていく。これが無常という現実だ。この世に変化しないものがないのに、どうして永遠の自己とか、独立して存在する自己がありえるだろうか。「自己」はふつう、それ自体で独立した実体であり、日々のいっさいの変容を拒むものと考えられているが、はたしてこの世にそのように不変のものがあるだろうか。この身体、この感情、この感覚は無常であり、怒りも悲しみも愛も憎しみも、私たちのこの意識さえも、つねに変わりつづける。

これが現実ならば、私たちが自己と呼んでいるもので、永久につづくものとは、いったいどのようなものだろうか。ここに文字を書き込んだ一枚の紙がある。この紙には紙自体として独立した自己はない。雲や、森や、太陽や、地球、そして紙を漉いた人たちや機械があってはじめて、この紙はここにある。これらのものがなければ、この紙はここに存在することができない。もしこの紙を燃やしたら、この紙の自己はどこへ行くのだろうか。

独立して存在できるものは、何もない。何かがここにあれば、それはそれ以外のすべてのものに依存してここにある。これをインタービーイングと呼ぶ。存在するとは、相依相関《インタービー》することだ。紙は太陽の光や森とインタービーしている。花も花自身では存在できず、土壌や雨、雑草、昆虫たちとインタービーしなければならない。存在は虚構だ。あるのはインタービーというありようだけなのだ。

花を深く見つめていたら、花が花以外の要素からできていることに気づく。花はすべてのもので満ちている。花のなかに見つけられないものが何かあるだろうか。陽光、雨、雲、地球、そして時間や空間も花のなかに見える。他のすべてのものと同じように、花は果てしなく花でない要素からできている。花がここに咲くために、宇宙のすべてのものが集まって、花の顕現を助けている。例外がひとつある。花はすべてのものに満ちているが、他から独立し切り離された自己をもたない。花のなかにないのは、花の固有の自己同一性《アイデンティティ》(花が花として他のものから独立して存在するというありよう)だけなのだ。

花は花だけでは存在できない。太陽の光や雲や宇宙のあらゆるものとインタービーしなければ、花はここに咲いていることはできない。ここに在ることを、ともにあることと理解するならば、そのとき、私たちはもっと世界の真実に近づくだろう。インタービーイング《インタービーイング》とは、存在でも非存在でもなく、他から切り離され独立した自己がない、仕切られた自己がない、という意味だ。

無我は仏教の専門用語で「空」というが、これは他から切り離され独立した自己がないことを意味する。私たちの存在は無我だが、だからといって、私がここに存在しないということではなく、何もないという意味ではない。このガラスのコップは、空っぽのときもあるし、お茶がいっぱい入っているときもある。しかしコップがここになければ、空になったり、いっぱいになることもないだろう。空は存在・非存在の問題ではなく、あれこれの観念を超えたものなのだ。無常、無我、インタービーイングの本質を深く見つめていくと、私たちは究極の次元にある涅槃に触れることができる。

私たちは誰なのか

私たちは自分の身体は自己であり、身体は自分の所有物だと考える。たしかにこの身体は私であり私の所有物だが、深く見つめてみると、この身体は先祖や両親、子ども、さらにその子の子どもの身体でもあることに気づくだろう。この身体は「私」でも「私のもの」でもない。あなたの身体はあなた以外のあらゆるもので満ちている。その身体は限りなくあなたの身体でない要素からできている。あなたの身体のなかにないものはただひとつ、他から切り離された自己だけなのだ。

無常を知るには、空、インタービーイング、無我に光をあてて見なければならない。これらのものは否定的なものではない。空はじつにすばらしいもので、西暦二世紀の仏教学者・龍樹《ナーガールジュナ》は「空のおかげで、すべてが可能になる」とのべている。

無常のなかに無我を見、無我の中に無常を見る。無常は現実を時間軸から見た無我であり、無我は空間軸から見た無常といえる。両者は同じものだ。無常と無我はインタービーイングしているからだ。無我のなかに無常を見なければ、それは本当の意味での無我ではなく、無常のなかに無我を見なければ、これもまた本当の意味で無常ではない。さらにいえば、無常のなかに涅槃を見、無我のなかに涅槃を見なければならない。ここに一本の線を引いて、この線の一方の側に無常と無我を置き、反対側に涅槃を置いてみよう。かえってまぎらわしくなるかもしれないが、三者の関係を知る手がかりにはなるかもしれない。涅槃は、すべての概念――無我や無常という概念をすら超えている。無我や無常のなかに涅槃を見ることができたら、概念としての無我や無常にとらわれることがなくなるだろう。

クローンに永遠の自己はない

私の身体から三個の細胞をとりだして、三人のクローンの子どもをつくるとしたら、三人とも私の血をわけた家族や私自身の遺伝子をもつことになる。

しかし、ここにもうひとつの遺伝子がある。家族から受け継いだ身体は素質《ネイチャー》だが、私たちはまた環境からも環境要因《ナーチュアー》を受け継いでいる。ここでちょっと想像してみよう。この三人のクローンを三つの異なった環境に入れてみる。ひとりの子が薬物やギャンブルの環境に入れられたら、その子はきっと薬物やギャンブル好きな人間になるだろう。いまの私のような僧侶にはならない。もうひとりの子はビジネスの環境に入れて、ビジネススクールに通わせると、この子はビジネスマンになるかもしれない。三人のクローンの子が私と同じ遺伝子を持っていても、これは起こりえる。これに対して、私はこれまでずっとブッダの法《ダルマ》を守って生きてきたが、ビジネススクールではブッダの教えや修行の種に水をやって育ててはくれない。ここでは売買や商売の種子に水がやられるので、このクローンの子はおそらくはビジネスマンになるだろう。目や鼻や耳といった顔立ちは私にそっくりでも、この子は少しも私に似ていない。

三番目のクローンの子を僧侶に育てようと思えば、（アメリカの）ディア・パーク僧院に送って、修行僧や尼僧に育ててもらえばいい。毎日読経を聞かせ、歩く瞑想を教えると、この子はきっといまの私に似た僧侶になるだろう。

環境因子はとても大切だ。三人でも、三〇〇〇人でも、クローンの子どもをつくるときには、ひとりひとりのクローンの成長（顕現）は、考えかた、愛情のかけかた、嫌悪や憎しみ、勉学、周囲の仕事環境など、その子を育てる条件次第でおおいに変わってくる。では、私が死んでしまうのを恐れる人が、「クローンをつくる細胞をひとつください」と私に頼んできたとしよう。私がこれに同意するとしたら、こんな注文をつけるかもしれない。

「そうですね、その子をカリフォルニアのディア・パークか、ヴァーモントのメイプル・フォーレスト(*)のような僧院で育ててくれますか。その子の苦しみが少なくなるように」


（＊）米国のこの僧院は現在閉鎖されている。

涅槃

無常と無我は、われわれに守らせるためにブッダが定めた規則ではない。真実在の扉を開くための鍵である。永遠についての間違った考えを正すためにこそ無常の教えがある。無常という観念にとらわれたら、涅槃を得ることはできない。自己についての間違った考えを正すために、無我という考えかたをとり入れる。無我という観念にとらわれてしまったら無我もまた害になる。無常や無我は修行をすすめるための鍵であって、究極の真実ではないからだ。だから無常や無我のために死ぬことも、そのために誰かを殺すこともない。

仏教には、大義をかざして人を殺してよいという考えも偏見もない。自分たちの宗教を受け入れないからといって、人を殺すことなどありえない。ブッダの教えは、善く生きるための手段であって、絶対的な真理ではないからだ。無常や無我の教えも真実に向かうために役立つ手段であって、絶対的な真理ではない。ブッダは言われた。「私の教えは月をさす指です。この指が月そのものだという考えに陥ってはいけない。そうではなく、あなたはこの指のおかげで、月を見ることができるのです」

無我と無常は真実を理解するための手段であって、それ自体が真理ではない。あくまでも道具であって、究極の真実ではない。無常のために命を賭けて死ぬこともなく、敵対されたからといって、人を投獄することもない。概念にたいして概念で報復することもない。ただ究極の真実に近づく手段なのである。仏教は導きの道を提供することはあっても、妄信を強いるものではない。仏教徒はその名に賭けて流血を避け、戦争で何千人もの人間を殺すことを善しとしない。

無常は内部に涅槃の性質を秘めているので、あなたを観念の虜にすることはない。この教えを学び実践するならば、永遠も無常も含め、すべての観念や概念から解放されるだろう。苦しみや恐れから自由になる——これが涅槃であり、神の国だ。

概念の消滅

私たちを怯えさせるのは、生・死、増・減、存在・非存在といった概念だ。涅槃とはすべての観念や概念の消滅を意味する。これらの概念から自由になったときにはじめて、私たちは平和というみずからの本質に触れることができる。

怖れを焚きつける八つの根本的な概念がある。生・死、来・去、別異・同一、存在・非存在がそうだ。アタマがつくりだした観念のために、私たちの幸福が奪われる。仏教は、観念に立ち向かうために「八つの否定」(八不)——不生、不死、不来、不去、不同、不異、非存在、非非存在(*)——を教えている。

(*)有名な龍樹の『中論』冒頭の帰敬序では、「不生亦不滅、不常亦不断、不一亦不異、不来亦不出(去)」となっている。ここでは、ティク・ナット・ハン師の英文に忠実に訳した。

幸福という概念を捨てる

幸せのつかみかたは人それぞれだ。自分の幸福への思いをもう一度考えてみる時間があれば、きっと見えてくるだろう。「もし……であれば、私は幸せ」という、幸福の条件リストをつくってみてはどうだろうか。欲しいものとやりたいことを書きだしてみよう。その想いはどこから来たのか。現実のことか、それとも想いだけなのか。幸福について特定の想いに凝り固まって概念をつくってしまったら、幸福のチャンスは逃げていく。

幸福はいろいろなところからやってくる。私の幸福はこうでなければ、という一面に固執して概念をつくりあげてしまったら、自分の望む幸福を求めるあまり、別の幸福をつかむチャンスのすべてを逃してしまうだろう。「他の女《ひと》と結婚するくらいなら死んだほうがましだ。いまの仕事と名声を失うくらいなら死んだほうがましだ。この学位がとれなかったら……、昇進できなければ……、あの家を失ったら……、私は幸せにはなれない」と、自分の幸福にたくさんの条件をつける。そして、それらすべてがかなっても、まだ幸福になれない。幸福に次々と新しい条件をつけていく。もっと上級の学位、もっとよい仕事、もっと立派な家が欲しくなる。

政府や国にも自負があり、国を繁栄させ、国民を幸福にするにはこれが唯一の方法だと信じて疑わない。政府や国家は、今後一〇〇年以上にわたってそのイデオロギーを守りとおすと公言するかもしれない。これによって苦しむのは市民のほうだ。政府の考えに異議を申し立てたり、勇気を持って反旗を翻す人は逮捕され、精神異常の烙印を押されて監禁されるかもしれない。ひとつのイデオロギーを妄信すると、国家を牢獄に変えることもできるのだ。

思いだしてほしい。あなたの幸福の概念はどこか間違っているかもしれない。幸福はいまここにしかない、とブッダは言われた。あなたの幸福についての考えや概念をじっくりと調べてみよう。幸福の条件はいまの生活のなかに十分そなわっていると気づくかもしれない。これに気づけば、幸福は瞬時にあなたのものとなる。

FOUR

Transforming Grief and Fear

第４章

悲しみと怖れを変容する

雲

解き放たれて、私はつねに去来する。
有・無の観念にとらわれず、
生・死の観念にもとらわれず、
緩やかにこの歩みをすすめよう。

満ち欠けしても　月はつねに月であり、
風はいつでも吹いている。あなたにそれが感じられますか？
かなたの雨を呼び、ここに浮かぶ雲をこやせば、
天の高みの光の粒は燦々と地上に降り、

大地の襞は澄みわたる天蓋にふれる。
――ティク・ナット・ハン

晴れた日に空を見上げてふわふわと流れゆく雲を眺めていると、とりどりの雲のかたち、雲のひだにそそぐ光、緑の野に影を落とす雲に魅了される。あなたはこの雲に憧れて、いつもそばにいて、幸せな気分にしてほしいと望むだろう。しかし雲はつねに色やかたちを変えていく。やがて雲が集まって暗雲となり、雨になると、あなたは雲のすがたを見失ってしまう。雲が雨になると、恋しい雲を求めて泣きはじめる。

雨をもっと深く見つめて、雲がそこにいることがわかれば、あなたはきっと泣くのをやめるだろう。

仏教には「無相《アニミッタ》」の教えがある。「相（特徴）」とは、ものの外的な顕れや外見を意味する。無相はものの外的なすがたや外見にふりまわされない練修だ。無相を理解できたら、外見は実在ではないことがわかる。

雲が雨にかたちを変えるとき、雨を深く見つめると、雲はまだそこにいて、あなたに笑いかけ、微笑んでいることがわかるだろう。あなたはすっかり嬉しくなって泣きやむ。雲の外見にとらわれなくなったからだ。もしあなたが悲しみのあまりふさぎこんで長いあいだ泣きつづけたとしたら、それは雲の外見にとらわれて、ひとりとり残されてしまっているのだ。あなたは過去の雲にこころを奪われて雲の新しい現れを見失い、雨や雪に変容していく雲を受け入れることができなくなったのだ。

誰かを失って嘆き悲しむ人がいたら、ブッダの招きに応じてみよう。深く見つめ、愛する人の本質には生も死もなく来ることも去ることもないと気づいてほしい。これがブッダの教え、私たちの真実のすがただ。

雲の変容

雲の誕生を観てみよう。私たちは熱や蒸気や雲の発生を視覚的に見ることができるし、雲がどこから来るかも知っている。雲がどのような旅をして空に浮かぶようになったのか、雲の誕生をたすけるさまざまな条件も理解することができる。雲のすがたを深く見つめて観察することもできるし、雲の誕生や旅や冒険についての科学的知識も持っている。

雲を愛しく思うならば、この洞察力で雲の無常を理解することができる。愛する人がいるならば、その人の無常を理解することもできる。雲に執着すれば、いつも雲に注意していなければならない。雲は無常の法則どおりすぐに姿を変えて、もしかしたら雨に変わってしまうかもしれない。

雲にこう語りかけてみよう。「雲さん、あなたはそこにいるのですね。あなたはいつか死んでいくでしょう。私もいつか死ななければなりません。あなたは何か別のもの、誰か別の人に変わりながら旅をつづけていくのですね。でも、あなたの継続したすがたを知るためには、私はいつもあなたを深く見つめていなければなりません。あなたを失った苦しみに苛まれることがないように」

無常を忘れて雲に執着してしまえば、雲が雨に変容していくときが来たら、あなたは泣いてしまうだろう。「ああ、私の雲はどこへ行ってしまったのだろう。あの人を失って、どうして生きていけばよいのだろうか」

深く見つめる練修をすれば、雲が霧や雨などの新しいかたちに変容したことがわかる。雨は微笑み歌いながら、美しさに満ちて命いっぱいに降りそそぐ。しかしあなたはそれに気づかないで、新しいかたちに変容した雲の存在を認識することができないのだ。悲しみにうちひしがれて泣きわめいていたら、雨があなたに呼びかける。「愛しいあなた、私はここよ。私に気づいて！」しかし変容という継続をつづけている雨をあなたは無視しつづける。本当はこの雨があなたの愛しい雲なのに。

雲を見るとき、雲のように大空に気ままに浮かんでいたいと思うかもしれない。雲になって空に浮かんでいられたら何てすばらしいだろう。何という開放感だろう。雨音を響かせながら雨がふってきたら、あなたはまた雨に憧れるかもしれない。雨は植物たちに恵みをもたらし、数えきれない生きもののいのちを養う。雨になることは何てすてきなことだろう。

雲と雨は同じものなのか、それとも異なった別のものなのか。山頂の雪は白く純血で美しい。あなたは雪に心ひかれて、自分も雪のようになりたいと思うかもしれない。小川のせせらぎを見ると、水晶のように澄みきった水の美しさに憧れて、あの小川の水のようになりたいと思うかもしれない。雲と雨と雪と水は、それぞれ四つの異なるものだろうか。それとも本当はひとつのもので、同じ存在の基盤をわかちあっているのだろうか。

怖れを捨てる

化学で水の存在の基盤を表すとH_2Oとなり、ふたつの水素原子とひとつの酸素原子から成り立つと説明される。分子というこの存在の基盤から、雲、雨、雪、水など多くのものが生まれる。雲であることはすばらしいが、雨になっても、雪や水になっても、また楽しいにちがいない。雲がこのことを覚えていたら、雨に変わって継続していっても、そんなに怯えることはないだろう。雲であることはすばらしいけれど、雨になって降りそそぐこともまたすばらしいことだと思いだすから。

生・死、存在・非存在の観念にとらわれなければ、雲は怖れを知らない。私たちも雲のように「怖れなきこと《ノンフィア》」を学んで、それを育みそだててみよう。怖れなきことこそが真の幸福の基盤だ。怖れがあるかぎり、私たちは完全に幸福になることができない。

深く見つめる練修をすると、生まれることも死ぬこともないあなたの真実が見えてくる。あなたの生の真実は、不生・不死、非存在・非非存在、不来・不去、不同・不異だ。自分のなかにあるこの本質に気づくとき、あなたは恐怖から解き放たれる。渇望や嫉妬から自由になる。怖れなきことが、究極の喜びだ。怖れを捨て去るとき、あなたはこの洞察によって解き放たれ、悟った人のように、静かに生死の波に乗る。

顕れては隠れる

すべてのものの本質は、生まれることも死ぬことも、到着することも出発することもない。私の本質は来ることもなく（不来）、消えることもない（不去）。十分な条件が整えば私はすがたを現し、条件が整わなければ隠れる。私はどこへも行かない。私はどこに消えてしまうのかって？　私はただ隠れるだけ。

愛する人が亡くなったら、その喪失感を克服しようとあなたはもがき苦しむだろう。とめどなく泣きつづけるかもしれない。しかし、苦しみの底をじっと見つめてみたら、痛みを克服する聖なる妙薬が見つかるかもしれない。あなたの愛しい人は、生まれもせず死にもしない、来ることも行くこともないと教えてくれる妙薬だ。

愛する人が逝ってしまうと、その人はもはやこの世に存在しないと思いこむのは、誤解による。私たちはその人のたったひとつの顕れ、多くのすがたのなかのたったひとつの現れだけに固執してしまう。そのひとつのかたちが消えると、私たちは嘆き悲しむ。

愛する人はちゃんとここにいる。私たちのなかやまわりで微笑んでいる。あの人はもういないと思いこんでしまったら、決して見つからないだろう。「あの人はもういない」と口走り、「あなたはどこにいるの。どうして私をひとりぼっちに残して逝ってしまったの」と嘆きつづける。誤解のために苦しみは募るばかりとなる。思いだしてみよう。雲はなくならない。愛する人も消えない。雲は姿を変えて現れ、愛する人も別のかたちで現れる。これを理解するとき、そのときにこそ、私たちの苦しみははるかにやわらいでいくだろう。

新しいかたちになる

忘れないでほしい。愛する人を失っても、その人が無に帰したのではない。科学が実証しているように、「ここにある何か」が「無」になることも、「無」が「有」になることもできない。物質は消滅することがないからだ。物質はエネルギーに、エネルギーは物質に変わるが、消滅することはできない。同様に、私たちの愛する人は消え去るのではなく、別のかたちに変わるだけなのだ。雲に変わるかもしれないし、子どもやそよ風に変わるかもしれない。愛する人はどこにでもいる。微笑みながら話しかけてみよう。「あなたが私のすぐそばにいるのがわかります。あなたの本質は不生・不死だから、私はあなたを失うことはありません。あなたはいつも私のそばにいるのです」

毎日の暮らしのなかで、一瞬、一瞬、深く見つめてみよう。きっとその人に会える。このように見つめてみたら、悲しみを克服することができる。父母についても同じだ。父母は不生・不死であり、到着することも旅立つこともない。実在のなかでは、人が亡くなることはあっても、失われたことは一度もないのだ。

川と雲の物語

雲を追い求める川の話をしよう。私の好きな川の話だ。山の泉から流れでた小さな流れがあった。生まれたばかりの小さな流れは、できるだけ早く海に流れつきたいと望んだが、まだ、いまここで平和に生きるすべを知らなかった。まだ若かったので性急だった。「私は家にいる、私はすでに到着している」という練修など知らなかったので、流れはどんどんと山を下り、平野に着き、やがて一本の川に成長した。

川になれば、もっとゆっくり流れなければならない。川は、これでは海に着けないのではないかと怖れて、イライラした。しかし、どうしてももっとゆっくりと流れなければならないので、流れはさらに静まり、川面《かわも》は空の雲を映しはじめた――茜色、銀色、そして白い雲が流れていった。雲はすばらしいかたちをしていた。一日中、川は雲たちを追いかける。川は雲に執着し、雲がいつもすがたを変えるので、雲の無常に苦しんだ。雲はいつも風にふかれて川を置いてきぼりにしてはどこかに行ってしまう。川はどれほど苦しんだことだろう！　何度も何度も川は雲にしがみつこうとするが、雲はじっと一か所にとどまって川と一緒にいてくれない。川は悲しかった。

ある日のこと、嵐がやってきて雲をみな吹き散らしてしまった。天蓋は空っぽになり、透きとおった青一色となった。川の落胆はひどかった。もうあの雲を追いかけられない！　空には雲ひとつなく、はてしなくつづく青い空は川を絶望させた。「雲がいなくなってはもう生きている理由もない。愛しい人を失ってどうして生きていったらよいのか」川は死にたくなったが、自分を抹殺することなどできない。一晩中川はむせび泣いた。

その夜、ふと気がつくと自分の流れる音が聞こえてきた。むせび泣く川の音は、波が岸辺をひたひたと打つ波の音だった。我に返って自分自身のすすり泣きを聞いたとき、川ははっと気づいた。それはすばらしい洞察だった。川の本質は雲と同じだと気づいたのだ。川は雲だった。雲は自分自身の存在の深みにちゃんといたのだ。川と同じように、雲もその存在を水に根ざしていた。雲は水からできている。川は思った。どうして僕が雲を追う必要があるだろう。僕が雲でないならば、雲を追いかけるのももっともだが。

　寂しく孤独のどん底に落とされたあの晩、雲は目覚めて、自分も雲だったと気づいた。翌朝、川をあれほど苦しめ孤独にさせた真っ青な空っぽの空は、何か真新しいもの、すばらしく、澄みわたり、輝くものに変わっていた。空の青さは、川が新たに見つけた自由と天真爛漫さを映していた。大空はすべての雲の住み処で、雲は空以外では生きられないとわかった。雲の本質は到着したり出発するものではないと理解した。もしそうならば、どうして川が泣く必要があろうか。まるで雲から引き離されたかのように泣く必要がどこにあろうか。

　川はその朝、もうひとつの洞察を得た。川は空の不生・不死の性格を知ったのだ。川の心は静かに安らいだ。それからというもの川は嬉々として空を映しはじめた。以前には川は空を映したことがなく、ただ雲だけを求めていた。いまや空は、いつも、いつも、昼も夜も、川のためにそこにあった。これまで川はものごとの本質に触れたいと望んだことはなかった。川はただ生や死のある変化のすがたに触れたかっただけだった。大空に触れたいま、川はとても平和で静まっていた。こんな穏やかな静けさを感じたことはなかった。

雲が戻ってきた午後のこと、川はもはや特定の雲に執着することはなかった。自分だけのものと感じる雲はひとつもなかった。川は通りすぎる雲のひとつひとつに微笑みかけ、すべての雲を歓迎し、愛おしく見つめた。

いま川は平静さをとり戻して特別な喜びを感じていた。川は特別の雲だけを愛したり、特別な雲だけに執着することがなかった。川はすべての雲を愛するようになり、空をゆく雲を映しては楽しんだ。雲が去っていくと、川は雲に呼びかけた。「さようなら、またすぐに会いましょう」そして心が軽くなった。川は雲が雨や雪になったあと、また川のもとに戻ってくることを知っていた。

川は自由になった。海まで滔々と流れていく必要さえないように感じた。その晩、満月が昇り、川の底深くまで月光をそそぎこんだ。月と川と水が一緒に瞑想の練修をしていた。川は自由のままに、この瞬間を楽しんだ。川はすべての悲しみから解き放たれていた。

何かをつかもうとしてそれを追いかけるとき、私たちは苦しむ。追いかける対象がないときにも、また苦しむ。あなたが川で、雲を追いかけながら苦しみ、泣き、孤独になったら、友だちの手をとってみよう。ふたりで深く見つめてみたら、探していたものはいつもそこにあったと気づくだろう。求めるものはあなた自身だったのだ。

もうそのままであなたはなりたいものになっている。これ以上何を探し求めるのだろうか。あなたはそのままでひとつのすばらしい顕現なのだ。全宇宙が一緒になってあなたがここにいることを可能にしている。あなたでないものはこの世に何ひとつなく、神の国も浄土も、涅槃も幸福も解放も、すべてあなたなのだ。

はたして同じ身体だろうか

いま仮にクローンをつくるとしよう。それによって私たちの身体のひとつひとつの細胞がそれぞれ新しい身体になるとしよう。これは、ひとつの魂が多くの魂になることを意味するのだろうか。ひとりが多くの人間になることができるのだろうか。こうして新しくつくられた人間は同一の人間だろうか、それとも違う人間なのか。

科学はすでに動物のクローンをつくる技術を獲得している。人間にも適応できる段階まで来ている。たとえば、私の身体から三つの細胞をとり出して三体のクローンをつくるとしよう。これらの三つのクローンと私自身を入れた四人は、四人の人間なのか、あるいはひとりの人間なのか。クローンがつくられるとき、私はすでにかなり高齢で、三人のクローンは若者ということになる。では、私とこの三人は同じなのか、それとも別人なのか。瞑想をすると、私たちは気づきの力、集中力、そして洞察の力を使って深く観ることができる。これによって物事がもっと深くはっきりと見えてくる。ブッダはこのように修行を積んだ方であり、ブッダは獲得した洞察力を私たちに分け与えられた。私たちもブッダのように修行していくと、ブッダが到達した洞察に安全に導かれるだろう。

まず、私たちは「同じ」と「異なる」という観念を深く見つめてみなければならない。ブッダに「この身体と三人のクローンは同じでしょうか、それとも別物でしょうか」と訊ねたら、ブッダはきっとこう答えられるだろう。「同じでもなく、異なってもいない」

無常とはすべてが常に変化しているという意味だ。身体は永続すると考えられているが、実際のところ、身体のなかでは常に生と死が起こっている。この瞬間にも多くの細胞が死に、多くの細胞が生まれている。

私たちはこの身体がいつも自分の身体だという幻想を持っている。あなたが生まれたときにお母さんが撮った写真があり、そしてあなたはいまのように成人した。いまのあなたと小さな赤ちゃんだったときのあなたは別人だろうか。

私たちは五歳のときには、この身体は自分の身体で、五〇歳のときにも、これは自分の身体だと考える。家族写真を撮ったアルバムがあれば、六歳のときの自分と六〇歳の自分を見比べてみるとよいだろう。ふたりの人物はとても違っている。しかし、別の見方をするとふたりは違っていない。もし六歳の自分がいなければ、六〇歳の自分はいないのだから、ふたりは同じであり、かつ、同じでない。無常がこの謎を解決してくれるだろう。

一度の入息と出息のあいだに私たちは別人に変わる。この本を読みはじめた瞬間から、いまのこの瞬間まで、私たちの身体と意識のなかではめまぐるしい変化が起こっている。多くの細胞が死に、新しい細胞がつぎつぎと生まれている。意識についても同様だ。想いは去来し、感情が生まれては消えていく。常に何かが顕れては消える。たったの二刹那も私たちは同じであることができない。川も、炎も、雲もヒマワリもみな同じだ。

条件

マッチ箱を深く見つめると、あなたには炎が見える。炎はまだ顕れてはいないが、瞑想者の目には炎が映っている。炎が顕現するためのすべての条件が揃っている。木の軸、硫黄、マッチのざらざらした面、そして私の手だ。私がマッチを擦って炎が現れるとき、私はそれを炎の誕生とは呼ばないで、炎の顕現と呼ぶ。

ブッダは条件が十分であれば、あなたは顕現すると言われた。条件が十分でなければ、あなたは顕現できず、他の条件で他のかたちで顕現するときを待つことになるだろう。

何かから顕れる

生とは何だろうか。ほとんどの人はこれまで存在していなかったものが存在しはじめることだと考えている。私たちの頭のなかには、誕生は何もないところから突然何かが生まれるという観念がある。ある日突然に、誰でもないものから誰かになる。ほとんどの人は生をこのようにとらえている。深く見つめたら、この定義が健全なものでないことがわかる。無から有にはなれない。何もないところから何ものかになることができるだろうか。誰でもないものから、誰かになることは決してできない。

誕生日といわれている日の前から、あなたは既にそこにいた。あなたのお母さんのなかに。誕生の瞬間はあなたの継続の日にすぎない。よく見つめて、あなたが無から有になったその瞬間を見つけられるかどうか考えてみてほしい。それはお母さんの子宮のなかでの受胎の瞬間だったのか。これは正確ではない。なぜならばその前に、何か他のもの、おそらくお父さんの半分とお母さんの半分がすでにあったからだ。もしかしたら、お父さんの三分の一とお母さんの三分の一、そして宇宙の三分の一があったのかもしれない。たくさんの「何か」がすでにそこにあった。もし何かがすでに存在していたのなら、それは生まれることにはならない。お母さんが陣痛を起こし、あなたを産んだその瞬間は、正確にいえばあなたの誕生の瞬間ではない。それはただ子宮からこの世に出てきた瞬間にすぎない。

禅では公案という問答を楽しむ。「あなたのお祖母さんが生まれる前には、どんな顔をしていたか」この公案を自分に訊ねてみれば、あなたは自分自身の継続について考えてみることができるだろう。あなたはいつもそこにいたことがわかる。あなたの受胎の瞬間は、あなたの継続の瞬間であり、違うかたちで顕現する瞬間だ。このように見つづけていけば、あるのは生と死ではなく、つねに永遠の変容だけだとわかるだろう。

炎はどこからくるのか

マッチの炎にこう語りかけてみよう。「炎さん、どうかすがたを現してください」私がマッチを擦ると、炎が応じるが、さらにその炎に訊いてみたくなる。「あなたはどこから来たのですか」

炎は答える。「先生、私はどこからかやってきたのでもなく、またどこへも行きません。条件が整えばすがたを現すのです」これが不去、不来の真実だ。

では、みんなで一緒にロウソクの炎の性質を深く見つめる練修をしてみよう。一本のロウソクの炎は、それを灯したマッチの炎と同じ炎だろうか。あるいは別の炎だろうか。もし私たちがこの炎を、たとえば、一時間ほど灯していたら、ロウソクの炎はどんどん下へ下がっていく。見た目には同じ炎のように見えるが、それは私たちの知覚がそう思わせているだけで、実際には、数えきれないたくさんの炎が、一瞬、一瞬、たえまなく繋がっている。そのためにいつも同じ炎が灯っているという印象を与えるのだが、実はそうではない。炎を燃やす燃料も酸素も違うので、刻々と繋がる炎は正確には同じ炎ではない。

炎は刻々と変わりつづける。この一瞬に、炎はロウソクの最上部のロウと酸素に栄養をもらって燃え、次の瞬間には、もとの酸素とロウは燃え去り、新しい燃料、新しいロウと酸素が燃える。これは同じ燃料ではなく、したがってできた炎も同じ炎ではない。ロウソクが短くなってくると、どれだけロウと酸素が消費されたが見えるので、炎が刻々と変化していることがわかる。これと同じように、炎は一秒たりとも同じ炎にとどまることがない。

たったひとつの炎を観るだけで、「同じでもなく、異なってもいない」という炎の本性がわかる。同じという印象のかげには無常の性質が隠れている。何ものも一秒たりとも同じものにとどまることはできない。この性質は人間にも、雲にも、すべてのものにあてはまる。一〇分前に燃えていたロウソクの炎が、いまあなたが観ている炎と同じというならば、それは正しくない。もしあなたが一〇〇〇の異なる炎が次々と連なっているというならば、それもまた正しくない。炎の本質とは、同じでもなく異なってもいない。異・同という観念の幻を突き抜けることができたら、私たちは多くの苦しみを喜びに変容することができるだろう。

印象

仏教の経典にすばらしいたとえ話がある。暗闇で松明をかざして火の輪を描く。もうひとりが少し離れたところに立ってその火を見ると、火の輪がまわっているような印象を持つ。実際には輪はなく、連なる火の点があるだけだが、あたかも火の輪があるような印象を与える。これは固定した同一性の幻想、すなわち永続性の幻想に似ている。火の輪はひとつの観念だ。現実に適用できないし、真の実在を描写することもできない。火の輪を分析したら、火の輪がそこにあるという印象を与える何百万もの火の点が目にもとまらぬ早さで連続していることがわかる。

人が踊っているすがたの映像を撮るときには、その人が踊っている写真をたくさん撮っておいて、その写真のフレームをひとつずつプロジェクターで映しだすと、動きが流れているような印象を与える。しかし実際には数えきれないほどのスティール写真が次々とつづいて映写されているだけなのだ。

誰かを見るときも、変わらぬ統一体としてひとりの人間がそこにいるという印象を持つ。

今朝その人をそれと認め、夕方にまた会っても同一人物を見ていると考える。また私が旅に出て一〇年後に帰郷しても、同じ人間と認識されるだろう。これは幻想だ。

経典に滑稽な話がある。ある女性が牛乳を入れた鍋をもってお隣さんにやってきて、こう言う。「ちょっとこれ預かっておいてね。二、三日したら、戻るから」冷やしておくものなどないので、牛乳は凝固してチーズになった。女性が戻ってきてこう言った。「牛乳はどこにあるの。預けておいたのは、チーズじゃなくて牛乳よ。ここにあるのは私の牛乳じゃない」ブッダによれば、この女性は無常を理解していないことになる。牛乳は二、三日放置しておいたら、チーズかヨーグルトになってしまう。この人は五日前の牛乳を戻してほしいと言い張ってチーズを受けとらなかった。牛乳とチーズは同じだろうか、別ものだろうか。これらは同じでもなく、違うものでもない。ただ牛乳がチーズになるのに数日かかっただけのことだ。無常の洞察をもってすれば、宇宙とそのすべての現象は同じでも異なるものでもないという実在の本質が理解できる。

物事は永久に不変だと考えられているが、現実には何ものも継続する二刹那のあいだ同じものであることはできない。だからこそ固定された自己同一性の概念もまた幻影であり、現実に適応することが不可能な、アタマがつくった観念といえる。川のように顕現の流れがあるだけで、あなたはそれに名前、たとえばミシシッピー川といった名前をつけるのだ。ものにつけた名前は変わらないが、現実は変化する。川はいつも変わらずそこにあるという印象を持ってしまうが、川の水は一秒あとでも同じではない。哲学者たちが言うように、あなたは決して同じ川で二回水浴びをすることはできない。これがブッダも孔子もヘラクレイトスも、またリアリティの本質を深く洞察する方法を知る多くの賢者たちも認めた無常の本質だ。

聖フランシスコとアーモンドの木

ある日、冬の庭で歩く瞑想をしていたアッシジの聖フランシスコはすっかり葉を落としたアーモンドの木を見た。彼はアーモンドの木に近づいて、息を吸い、息を吐く練修をして、アーモンドの木に神について訊ねた。そのとき突然アーモンドの木は満開の花を咲かせた。私はこの話を真実だと信じる。これほどの観想者であれば、リアリティの深みを観ることができるからだ。聖フランシスコはアーモンドの花がすでにそこにあると悟るために、春の温かさを待つ必要はなかった。

聖フランシスコの目で、あるいはブッダの目で、マッチ箱を見てみよう。あなたにも確かにこの目があるのだが、あなたはマッチ箱のなかにすでに存在している炎を見ることができるだろうか。まだ顕現してはいないが、そのあたりに炎はある。深く見つめたら、あなたには炎が見えるだろう。条件はすべてそこにあって、炎が顕現するのを待っている。たったひとつ欠けている条件は、あなたの指がマッチを擦るその動きだけだ。最後の条件をそこに加えると、炎が顕現するのが見える。

マッチを擦るときには、心を集中してやってみよう。すべての条件を観察しながら、炎に訊ねてみる。「小さな炎さん、あなたはどこから来たのですか」炎を消すときにも訊ねてみる。「あなたはこれからどこへ行くのですか」一瞬前に生まれた炎が、いま消えていくと私たちは考えるが、その炎が帰っていく場所が私たちから離れたどこか別のところにあるのだろうか。私はそうは思えない。

ブッダは不来、不去——来ることも行くこともない——と教えられた。哲学者たちが何度も訊ねあぐね、答えを見つけようと、どれほどの紙とインク、そして唾を使ってきたことか。ブッダの目で深く見つめたら、あなたもきっとその答えを見つけることができるだろう。

恁麼《いんも》……あるべきようは

あるがままの実在《リアリティ》を恁麼という。恁麼とは「あのように」という意味で、これを概念で描写することはできない。特に生・死・存在・非存在、去・来という概念の言葉で表現することはできない。いかなる言葉も、観念も、概念も、実在を描けない。テーブルの実在、一輪の花の実在、一軒の家の実在、命あるものの実在は言葉では説明できないのだ。

ときどきあなたは父親に腹を立てて、こう言うかもしれない。「あんたなんかと関わりたくもない」なんという暴言だろうか。あなたは自分と父親が同じ実在に属していることを理解していない。あなたは彼の継続であり、父親その人なのだ。あなたが父親と同じ存在か、あるいは違う存在か、深く見つめてみれば、私たちの本質は同じでもなく異なってもいない。あなたと父親は同じでもなく異なってもいない。これが真実だ。

マッチをひと擦りして炎の出現を助けるとき、深く見つめると、それがどこからも来ないし、どこへも行かないことがわかる。ロウソクに火をつけるのに、マッチの炎を使ってみよう。ロウソクの炎はマッチの炎と同じだろうか、それとも違うのだろうか。ふたつ目のロウソクにも明かりを灯すのであれば、三つの炎は同じなのか異なるのかと訊ねてみることができる。

一本のロウソクの炎を深く見つめたら、「同じでもなく異なってもいない」という現実は、ふたつの別々のロウソクの炎だけでなく、この二本のロウソクに火をつけたマッチの炎にもあてはまることを、この一本のロウソクの炎が教えてくれる。この炎は同じでもなく異なってもいない。炎の一瞬一瞬が唯一無二の炎であるから、次の瞬間は、炎が違うかたちで顕現する瞬間となる。

何か、あるいは、誰かの顕現は、ひとつの条件だけに依存するのではなく、他の多くの条件に依存する。したがって、ひとつの原因が効果を顕すという考えは間違っている。ひとつの原因だけでは、何かが顕現するのを助けるのに十分ではない。

炎を観想していたとき、私たちはすべての条件を見るほどに深く見ることができなかった。炎はマッチ棒と木片と燃料によって灯されることはわかる。確かに燃料がなければ何ものも生きのびることができないが、燃料はひとつの要素、ひとつの条件にすぎない。炎はすべての要素がそこにあるときにだけ顕現することができる。空気中に酸素がなければ、炎は長く燃えつづけることはできないし、炎は木片、芯、酸素にも依存している。炎はすでにマッチ箱のなかに存在している。炎は生まれる必要はなく、条件が正しく整ったときに顕現する必要が生じるだけなのだ。

一二歳の少年や少女でも、まだ自分の子どもはいないが、身体のなかには、子どもや孫の顕現にとって必要な原因と条件が備わっている。顕現は単に時間と条件だけの問題といえよう。

一枚の紙

来ることも、行くこともない、
後も、先もない。
あなたをしっかりと抱きしめ、
そして、あなたを解き放つ。
私はあなたのなかにいる。
あなたは私のなかにいる。

不去・不来が実在の本質だ。あなたはどこからも来ないし、どこへも行かない。バラも、雲も、山も、星も、この地球も——すべてはこのように実在している。その本質は不来、不去であり、死ぬことは、何ものかから無になることではない。生まれることは、誰でもないものから突然何ものかになることではない。十分な条件という基盤の上に顕現があるだけであり、顕現の停止は、適切な条件の欠如によって起こる。

言葉を書き連ねた一枚の紙にも歴史がある。いまあなたが手にしているこの本のこの頁は、一瞬にしてそのかたちを得たとはいえるが、それが本の誕生の瞬間ではない。太陽の光がそこにあるように、木の幹のように、雲や大地のように、この紙はすでにそこにあった。この本が製本所から搬出された瞬間が、この本が顕現した瞬間だ。

だから紙に訊ねてみよう。「やあ、小さな紙切れさん、生まれる前からそこにいましたか」紙は答える。「いましたとも。私は木のかたち、日光のかたち、雲のかたち、雨のかたち、鉱物のかたち、そして大地のかたちでここにいました。一枚の紙になった瞬間は、継続の瞬間でした。私は無から生じたのではありません。私はこの宇宙から生じたのです。私はいままで木であり、陽光であり、土壌であり、そのほかのいろいろなものだったのです」

一枚の紙を深く見つめると、まだそこに木や雲や、陽光を見ることができる。過去まで戻る必要はない。それが瞑想者であることの利点だ。旅をする必要もない。ただそこに坐って深く見ればよい。そうすればすべてを見て、認識することができる。一枚の紙は宇宙のすべての情報を包含している。雲や陽光、木々や大地に関する情報をすべて含んでいる。もしあなたが、これらの要素のひとつをその源に返したら、一枚の紙はもはやそこには存在しないだろう。もしあなたが陽光を太陽に返したら、森はなくなり紙もなくなる。だから、陽光はその紙のなかにある。あなたが一枚の紙に触れると、あなたは陽光に触れ、雲に触れ、雨に降れ、大地に触れる。全宇宙に触れる。ひとつの顕現はすべてを包含する。

紙の上に指を走らせると、あなたはそのなかに雲を感じることができる。雨がなければ、雨は雲からやってくるので、紙はできない。その紙の上に指を走らせていたら、その指は森の木々の上を走っている。私たちの指で、紙のなかの太陽や大地のすべての鉱物に触れている。これらすべての条件は紙のなかにある。目覚めた理解（智慧）でその紙に触れるとき、私たちは存在のすべてに触れている。

一枚の紙を深く見る練修をすると、森が見える。森がなければ、木はなく、木がなければ、紙はつくれない。だからこの紙は無からできたものではない。それは木のような何かからやってきたのだ。しかし木があってもこの紙はつくれない。陽光が木を育てる。雲が木に水をやる。土壌と鉱物とたくさんの他の現象がその紙の顕現をたすけている。木を伐る樵がいなければならないし、樵のお昼ご飯のサンドイッチをつくる惣菜屋《デリカテッセン》の調理師や、樵に給料を払う会社を経営する人たちも必要だ。これらのものはその紙の外に存在しているのではない。これらは紙とひとつになっている。

あなたはこう考えるかもしれない。どうしてこの紙が森だと言えるのか。森は紙の外にあるのだ。もしあなたが森や雲をこの紙から取り去ったら、紙はバラバラに飛び散ってしまうだろう。もし雲や、雲が降らす雨がないならば、どうして木が生育するだろうか。紙をつくるための楮《こうぞ》の糊をどうやってつくればいいのか。

紙には誕生がなく、あなたにも誕生がない。あなたは生まれる前からそこにいた。次に誕生日を祝うときには、お祝いの歌を「継続おめでとう」と変えてみてはどうだろう。誕生日が継続の日だというのが本当ならば、あなたが死ぬ日もまた、継続の日となるだろう。あなたの修行がしっかりと身についていたら、死ぬ瞬間にあなたは楽しい継続の日の歌を歌うだろう。

一枚の紙のゆくえ………何もつくらない

一枚の紙を無にすることができるだろうか。マッチを擦って燃やしたら、紙が消えてなくなるだろうか、あるいは何か他のものに変わるのか。これは単に理論ではなく、実際に証明できることだ。息を吸って吐きながらマッチを擦る。一枚の紙の変容を間近で見てみよう。マッチに火をつけながら、炎は生まれる必要がないと気づく。条件が整えば、炎が顕れ、私たちに炎が見える。紙を燃やすと煙が出る。指まで燃えそうになるくらい熱くなる。さて、紙はどこにいったのか。

一枚の紙を燃やすと、紙はそのかたちを失う。気づきをもって炎を追うと、紙は別のかたちでつづいていることがあなたにわかるだろうか。そのかたちのひとつに煙がある。一枚の紙から出る煙は空に立ち昇り、空の雲のなかにとけこむ。かつての紙はいまや雲の一部になり、私たちはさようならの手を振る。さようなら紙さん、またすぐに会いましょう。明日、もしかしたら来月、また雨が降って、雨粒があなたの額に落ちるだろう。その雨粒はきっとあなたが持っていたあの一枚の紙だろう。

紙はまた灰にもなる。灰は大地に返すことができる。灰が土壌に帰ると、大地は一枚の紙の継続したものになる。来年になったら、きっと小さな花や草の葉のなかに紙の継続を見ることができるだろう。それは紙の来世だ。

一枚の紙は燃える過程で、熱にもなる。炎の近くにいなくても、その熱は私たちの身体に浸透し、いまあの一枚の紙はあなたの身体の一部になった。熱は宇宙へも深く浸透していく。もしあなたが科学者で、精密な機械を持っているならば、その熱が遠くはなれた惑星や星に与える効果を計測することができるだろう。それらの効果はひとつの顕現、小さな一枚の紙の継続となる。一枚の紙は計りしれない彼方へと旅をする。

あなたが両手を打てば、彼方の星にまで影響を与えるかもしれない、と科学者は言う。私たちに起こっていることは、宇宙の彼方の銀河系にまで影響を与えることができる。そして彼方の銀河系で起こることもまた私たちに影響を与える。この世に起こるすべては相互に影響を与えあっている。

何も失わない

瞑想は深く見る旅への招待だ。ものの真実の属性に触れ、何ものも失われないことを知るために、私たちは瞑想する。瞑想によって怖れを克服することができるので、それが瞑想の最大の賜物となる。私たちは瞑想によって心の煩いや悲しみを克服することができる。

無から生じるのは無だけだ。有が無から生じることはできない。また無も有から生じることはできない。もしも何かがすでにそこにあるならば、それは生まれる必要はない。生誕の瞬間は継続の瞬間にすぎない。いわゆる誕生の日に、あなたは赤ん坊として存在が認められ、そしていまここにいる、と誰もが考える。しかし誕生の日の前からあなたはすでに存在していたのだ。

私たちが持つ死の概念によれば、死とは、突然有から無になることを意味している。突然、何者かが何者でもない者になる――これは恐るべき考えで、まるで意味をなさない。まだ生まれてもいないものが、いつかは死なねばならないというのか。一枚の紙を、存在しないものへ、すなわち無へと還元することができるのか。

一枚の紙がけっして生まれることなどないことを、私は実証することができる。なぜなら、生まれるとは無から突然有が生じることで、何者でもない者が何者かになるということだから。そんな考えかたは実在《リアリティ》との整合性を持たない。あなたの本性は不生であり、一枚の紙の本性も不生である。あなたは一度も生まれたことがなく、長いあいだ、遥かな時を超えてずっとそこにいたのだ。

あなたはいつもそこにいた

あなたは子どものころ、万華鏡で遊ぶのが好きだっただろうか。指をわずかに動かすたびに、すばらしい色の模様ができる。ほんの少し指を動かすだけで、見えるものががらりと変わる。あいかわらず美しいけれど、前の模様とは違う。だから、万華鏡のなかのさまざまな模様は生まれたり死んだりしている、とあなたは言うかもしれないが、子どものころのあなたは、そのような模様の生死を嘆いたりはしない。わくわくしながら変化するさまざまな色やかたちに見入ったことだろう。

不生不死の存在の基盤に触れることができたら、怖れはなくなる。それが私たちの幸福の基盤だ。怖れがあなたのなかにあるかぎり、完全に幸福になることはできない。観世音菩薩は私たちに般若心経を与えてくれた。この経典から、私たちは実在とはあるがままのものであり、生、死（滅）、来、去、存在、非存在、増、減、汚（垢）、浄のいずれでもないことを学ぶ。このような概念の虜になっているために私たちは苦しむ。真の解放とは概念からの解放だ。

苦しみを軽減するために、私たちは瞑想センターに行って修行する。ここでも何がしかの安堵感は得られるが、最も大きな安堵は、あなたの真実、不生・不死の属性に触れてはじめて獲得される。これがブッダの最も深い教えだ。

創造もない

庭のヒマワリを見ると、ヒマワリが咲きだすためには、多くの要素が必要だとわかる。ヒマワリのなかには雲がある。雲がなければ雨がなく、ヒマワリは育たない。ヒマワリの中には陽光がある。陽光がなければ何も成長しないことを私たちは知っている――だからヒマワリが育つためには太陽の光が必要だ。ヒマワリのなかには大地、鉱物、農夫、庭師も見えるし、時間、空間、観念、成長しようとする意志、そのほか多くのものが見える。ヒマワリの開花は、ひとつの条件ではなく、おびただしい条件に依存している。

私は「誕生」ではなくて、「顕現」という言葉を好む。同じように、「創造」よりも「顕現」という言葉のほうがふさわしいだろう。私たちのアタマのなかでは、「創造」とは無から何かが生まれることだが、ヒマワリを育てる農夫がヒマワリを創るのではない。深く見つめれば、農夫はヒマワリを生みだすための多くの条件のひとつにすぎないことがわかる。ヒマワリの種は納屋にしまってあって、外には、ヒマワリを植える畑がある。空には雨を降らす雲があり、堆肥があり、ヒマワリを育てる陽光がある。農夫であるあなたはヒマワリを真の意味で創ることはできない。あなたは条件のひとつにすぎない。あなたがいなければヒマワリは顕現しないが、他の条件についても同じことがいえる。ヒマワリを顕現させるためには、すべてのものが等しく重要となる。

七月にプラムヴィレッジに来れば、まわりの丘に咲き乱れるおびただしいヒマワリの花が見られるだろう。何万本ものヒマワリがみんな東を向いて微笑み、輝いている。四月か五月のプラムヴィレッジでは、丘はむきだしの土に覆われているが、野原を横切る農夫の目には、ヒマワリの花が見えている。農夫にはヒマワリが野に植えられていること、条件はすべて十分に整っていることがわかっている。農夫が種を蒔くと、土壌も準備万端となる。あとひとつだけ欠けているものは、六月、七月にやってくる温かさだけだ。

何かが顕現するから、それを存在と呼ぶのではなく、また、それが顕現していないとか顕現するのをやめたから、非存在と呼ぶのでもない。「存在」と「非存在」という言いかたは、物事の実在に適合していない。深く観ることによって、実在は生にも死にも、存在にも非存在にも属さないことが理解できるだろう。

パウル・ティリッヒ(*)は、「神は存在の基盤だ」と言った。この存在を非存在に対立するような存在と混同してはいけない。存在という概念から自由になるために、その概念を深く見つめてみるようにと、あなたは誘われているのだ。

(*)パウル・ティリッヒ　一八八六〜一九六五。ドイツ生まれのプロテスタント神学者・実存主義哲学者。ドイツでナチスが政権を奪取したため米国に亡命。ユニオン神学大学やハーバード大学で教鞭を執る。邦訳のある著作に『組織神学』全三巻（新教出版社、一九六九〜九〇年）、『生きる勇気』（平凡社ライブラリー、一九九五年）など。

FIVE

New Beginnings

第５章

新しいはじまり

生まれる前にイエス・キリストはどこにいたのか。私はずいぶん長いあいだ、この質問をたくさんのクリスチャンの友人に訊ねてきた。この問いかけを深く見つめたいなら、イエスの生と死を顕現という観点からじっくりと調べてみなければならない。イエス・キリストは生まれる前に何ものかであった。イエスが生まれ出たのはベツレヘムではなく、キリストの降誕は顕現のひとつの出来事にすぎなかった。いわゆる生誕や降誕と呼ばれる瞬間の前からすでにイエスは存在していたのだから、これを真の意味で誕生と呼ぶべきではない。必ずしも降誕とも呼べない。イエスはただ顕現したにすぎない。顕現という洞察の目で見ることによって、イエスという人を深く見る機会が与えられ、イエスの不滅という真実を明らかにすることができる。不生、不死という私たち自身の本質をも明らかにすることができる。

神はひとり子イエスをこの世に遣わされたとクリスチャンは言う。神がそこにおり、イエスはその神の一部であり、神の子であるのだから、イエスはすでにそこにいたといえる。キリストの誕生日であるクリスマスは顕現の日であって、降誕の日ではない。その顕現が起こった日にすぎない。

イエス・キリストはいまも何千通りにも顕現しつづけている。イエスはあなたのまわりのどこにでも顕現している。イエスの顕現を知るためには、いつも鋭敏に覚めていなければならない。気づきや注意力がなければ、イエスの顕現を見つけられず、その姿を見逃してしまうだろう。朝、歩く瞑想をしていると、あなたは花となったイエスの顕現に気づくかもしれない、あるいは、水の滴り、小鳥のさえずりや子どもが草の上で遊ぶすがたのなかにイエスを見つけるかもしれない。これらの顕現を見逃さないようによく注意してみよう。

ブッダの教えと智慧によれば、私たちはみんな不生・不死の本質を分かちあっている。人間だけでなく、動物も植物も鉱物もその本質はすべて不生・不死だ。一枚の葉や一輪の花も不生・不死という同じ基盤を生きている。花にも葉にも雲にも顕現がある。冬のあいだはヒマワリの花もトンボも見かけないし、郭公《かっこう》の鳴き声を聞くこともない。彼らは冬には存在していないように思われるが、その考えは間違っている。春のはじめになると、生きものはみなすがたを現す。冬のあいだは、ふたたびすがたを現すための条件が整うまでじっと待ちながら、どこか他のところで他のすがたで顕現していたのかもしれない。彼らが存在しないと決めつけるのは間違った知覚（悪見）というべきだろう。

「死」は「喪失」ではない

こうも訊ねてみなければならない。イエスが生まれなかったとしたら、どうして死ねるのか、と。イエスは磔刑《たっけい》に処せられたけれど、それによって存在するのをやめたのか。イエスは甦る必要があったのか。

イエスの磔刑がひとつの死でなかったということはありえるだろうか。ただ隠れていたのだといえるだろうか。イエスの本質は不生・不死で、これはイエスだけにあてはまることではない。この意味では、雲も同じであり、ヒマワリもあなたも私も同じだ。私たちは生まれもしないし、死にもしない。イエス・キリストは生死に影響を受けることがないので、このようなイエスを私たちは生けるキリストと呼ぶ。

顕現を通して物事を見ることによって、真に深い智慧にいたる。あなたの近しい人が亡くなったとき、その人をもはやいない人と定義したとしたら、それは間違っている。無から有が生まれることはできず、何者でもないものから何者かが生まれることもできない。有を無にすることもできないし、何者かを何者でもないものにすることもできない。これが真理だ。あなたに近い人が、いつも見慣れた気づきやすいものになって顕現しないからといって、その人が存在をやめたとはいえないし、その人がそこにいないことにはならない。深く見つめてみたら、他のいろいろなすがたになったその人に触れることができる。

ある日私は、幼い息子を埋葬したばかりの若い父親の手をとって、すがたを変えた息子を探す散歩に連れだした。

その子は幼くしてプラムヴィレッジに連れてこられ、菜食主義の食事を楽しんで食べる練修をしていた。その子は小づかいと臨時でもらったお駄賃をさしだして、これで自分の梅の木を買って植えてほしいと私に頼んだ。彼はプラムヴィレッジに果物を植えて、世界の飢えた子どもたちを支援する仕事に加わるのが夢だった。梅の木にはたくさん実がなること、果実を売って第三世界の飢えた子どもたちの援助ができることを知っていた。歩く瞑想や坐禅をよく学び、仏法の修行に励んだ。この子が病気になって入院したので、ボルドーまで見舞いに行くと、その子は私に言った。「おじいちゃん先生、僕は先生のために歩く瞑想をするよ」彼はベッドからおりて衰弱した身体で私のためにしっかりと歩いてくれた。私の訪問からほどなくして、この子は亡くなった。少年の火葬の日に、私はこの子のためにお清めの水を撒き般若心経を唱えた。一週間後に、私はその子の父親の手をとって歩く瞑想をし、いろいろなかたちに変わった少年のすがたを教えた。この子と一緒に植えたあの梅の木のところまでやってきて午後の陽ざしのなかに腰を下ろしたとき、私たちふたりにはあの子が梅のつぼみや枝から手を振っているのが見えたのだ。

リアリティを深く見つめたら、多くのものを発見することができる。おびただしい苦しみを克服し、さまざまな悪見に対処することができる。究極の次元に静かに安住することができたら、苦しみ、心配、恐れ、そして絶望の海に溺れることはなくなるだろう。

復活の練修

究極の次元においては、私たちは生まれたこともなく死ぬこともない。歴史的次元では人は忘念のうちに暮らし、ほんとうの意味で生きることは稀だ。私たちはまるで死人のように生きている。

アルベール・カミュの小説『異邦人』のなかで、主人公は絶望と怒りから人を銃で撃ち殺し、死刑を宣告される。ある日、独房のベッドに横になって、頭上に四角く切りとられた明かりとりの窓を見あげた。そのとき突然、窓の外の青空に気づき、その空に深く触れた。いままでこのような空を見たことがなかった。カミュはこれを意識の瞬間と呼んでいる。目覚めと気づきの瞬間だった。有罪を確定された人間がはじめて空に触れ、青空の奇跡を深く理解したのはこの瞬間だった。

その瞬間からというもの、男はあの輝くような気づきの瞬間をもちつづけようとした。このエネルギーこそが自分を生かすたったひとつの力と信じた。死刑執行はあと三日に迫っている。独房の孤独のなかで、あの煌めき、あのいきいきとした瞬間を維持しようと努めた。残された三日間を一秒たりとも無駄にせず気づいて生きようと誓った。最後の日となり、神父が最後の祈りをささげにやってきても、死刑囚は秘跡を受ける時間さえもったいなかった。はじめは抵抗したが、ついにドアを開けて神父をなかに入れた。やがて部屋を出ていく神父を見つめながら、やつは死人のように生きているとひとりごちた。神父には気づきも目覚めのかけらもなかった。

気づきなく生きれば、死んだも同然だ。あなたは生きているとはいえない。気づきなしに生きている人たちはみな死人のように生きている。自分の死体を抱えて世界中を徘徊しているようなものだ。過去に引きずられ、未来に心を奪われ、仕事や絶望、怒りにとらわれている。私たちは本当には生きていない――自分のなかに脈々とつづく生の奇跡に気づいていない。アルベール・カミュは仏教を学んだことは一度もないのに、小説のなかで「意識の瞬間」――深い気づきと目覚めの瞬間――という、きわめて仏教的なテーマを語っている。

復活、すなわち再顕現の練修は誰にでもできる。日々自分自身を復活させることが私たちの練修であり、気づきの呼吸と歩行のたすけによって、私たちは自分の身体と心に戻る。これによって、いまここに真に存在し、ふたたび生きなおすことができる。死者が甦るように。過去から解き放たれ、未来から自由になり、自分自身をいまここで確立することができる。これが仏教の基本的な修行だ。食べたり飲んだり、息をしたり、歩いたり、坐ったり、あなたが何をしていても、それがあなたの復活の練修になる。いつも自分をいま、ここに一〇〇パーセント確立しようとすること。これが本当の復活の練修だ。

生きられる唯一の瞬間

私は到着した、わが家に、
いま、ここで
揺るぎなく、解き放たれて
私は安住する、究極のいまに。

昨日起こったことや、明日起こるかもしれないことを心配して時を浪費するならば、楽しく生きていくことはできない。明日を思い煩うのは、明日が怖いからで、四六時中怖れながら生きていたら、このいまを楽しみ、このいまの幸福をつかむことはできない。

日々の暮らしのなかで私たちは幸福を前倒しにする癖がある。いつももっとよいものを探し、もっと幸福にしてくれる条件を求める。目前で起こっていることから目をそらせて、安定と安全を保障してくれるものを探しつづける。未来に怯えながら。仕事や所有物を失うのが怖い、愛する人たちを失うのが怖い。いつも魔法の瞬間を待っている。いつかきっとすべてが思いどおりに、望みどおりに進んでくれることを待ち望んでいる。

ブッダが言われたように、私たちが生きられるのは、現在のこの瞬間をおいてほかにない。「現在の瞬間に幸福に生きることができるのです。これこそが唯一の生きる瞬間です」

いまここに戻れば、あなたはすでにここにあるたくさんの幸福の条件に気づくだろう。気づきの練修とは、自分自身、自分の人生と深く出会うために、いまここに戻ることだ。このためにはトレーニングが必要で、どれほど知性や理解力に恵まれていても、たゆまぬ練修を必要とする。幸福の条件はすべてここに揃っている――これに気づくトレーニングが貴いのだ。

本当のわが家

本当のわが家はいまここにある。過去はすでに過ぎ去り、未来は未だ来らず。「私は到着した、わが家に、いま、ここで」これが私たちの練修だ。

この偈《ガーター》は歩く瞑想や坐禅のときや、職場に行く車のなかで朗誦《ろうしょう》してみよう。職場に着いていなくても、まだ運転中でも、すでに本当のわが家、あなたは現在の瞬間に到着している。職場に到着したら、そこもまたあなたの本当のわが家だ。事務所に着いても、あなたはまた、いまここにいる。

この偈の第一行目を「私は到着した、わが家に」と口ずさむと、ほっと幸せな気持ちになる。坐ったり、歩いたり、菜園の野菜に水やりしたり、子どもに食事をとらせていても、いつでも「私は到着した、わが家に」と練修してみよう。もうこれ以上走らなくてもよい。人生を走りつづけてきたが、いま私は立ちどまり、真に生きることを決意する。

何を待ちわびているのか

「幸せになるのに何を待つの？《ケスコン・ナタン・プレートル・ウルー》」という題のフランスの歌がある。気づきの呼吸を練修するとき、息を吸いながら、「私は到着した」と口ずさむ。何という達成感！　私は十分にいまここにいて、一〇〇パーセント生きている。いまこの瞬間が私の本当の家となった。「わが家に」と言いながら、息を吐く。わが家にいるようにくつろいでいなければ、あなたはきっと走りつづけ、あいかわらず怖れつづけるだろう。わが家に戻って安堵すれば、もう走る必要などない。これが修行の秘訣だ。現在の瞬間が私たちの幸福の家なのだ。

地球を楽しむ

　これから私の十八番の話をしよう。ふたりの宇宙飛行士が月に行く。月に到着すると、事故が発生してあと二日分の酸素しかないとわかる。地球から救援隊が来てくれる可能性はゼロで、残された時間はあと二日しかない。そこでふたりに訊ねてみる。「いま一番したいことは何ですか」彼らはきっとこう答えるだろう。「わが家に戻って、美しい地球の上を歩きたい」それだけで十分だ。それ以上に何を望むことがあろうか。大会社の社長にも、有名人にも、アメリカ大統領にもなりたいとは思わない。地球に戻る以外に望むことなどないだろう――大地を踏みしめて一歩一歩を楽しみ、自然の音に耳を傾け、愛する人の手をとって、月を想うこと以外に。

　毎日、月から救出されたばかりの人のように生きてみよう。いまこの地上で、この尊く美しい惑星《ほし》の上を、味わい楽しみながら歩いてみよう。臨済禅師は言われた。「奇跡は水の上を歩くことではなく、この地球の上を歩くことだ」私はこの教えを大切に守っている。私はただ歩く。エアポートや駅の雑踏のなかにいても、ただ歩くことを楽しむ。一歩一歩、母なる地球を抱きしめながら歩いていると、この気持ちをみなに伝えたい想いがあふれそうになる。人生の一瞬一瞬を楽しむことができるように。

SIX

The Address of Happiness

第6章

幸福のすみか

神やブッダ、そのほか偉大な方々の居場所を知りたければ、私ならこう言おう。いま、ここ、この場所が彼らの住所なのだ。ここにあなたが求めるすべてがある。郵便番号までふくめて。

「私は到着した、わが家に、いま、ここで」と、気持ちをこめて息を吸って吐きながら歩くことができたら、あなたはこの瞬間に前よりも自由になり、しっかりと落ちついた自分に気づくだろう。現在の瞬間、あなたの本当の居場所にあなたはしっかりと立っている。あなたをひた走らせるものも、怖がらせるものもここにはない。過去から開放され、まだ起こっていないことやどうしようもないことをあれこれ考えて、身動きがとれなくなることもない。過去の罪悪感から自由になり、未来についての心配事から解放される。

自由な人だけが幸せになれる。幸福の大きさは心に抱く自由の量に比例する。ここにある自由とは、後悔からの自由、怖れからの自由、心配や悲しみからの自由だ。「私たちは到着した、わが家に、いま、ここで」

「揺るぎなく、解放されて」とあなたは感じる。これがいま、ここに到着するときにあなたがなるもの、あなたに訪れる心境だ。ただ口に出して唱えるだけでは十分ではない――この状況をしっかりと見つめ、感じてみよう。あなたは平和になる。あなたは涅槃《ニルヴァーナ》、神の国――そのほかどんな呼びかたでもよいのだが――を体験する。心配事がなくても、あなたが心から自由でないならば、どうして幸福になることができるだろうか。いま、ここ、この瞬間にゆるぎなく、解き放たれること。これが自分自身への最高の贈物だ。

究極に生きる

「私は安住する、究極のいまに」究極とは存在の根拠であり基盤だ。究極、あるいは神、聖なるものは私たちから分離されたものではない。それはいつも私たちのなかにある。空の彼方のどこか遠い場所ではない。究極に住み、究極に安住するためには、私たちは本当のわが家に戻らなければならない。

それは波と水のようなものだ。波を見ると、波には始まりと終わりがある。高い波や低い波があり、似た波もあれば違う波もある。しかし波は水からできている。水は波の礎、土台だ。波は波でありながら水でもある。波には始まりと終わりがあり、大波やさざ波があるが、水には始まりも終わりも、上も下もなく、これもあれもない。これを理解し悟るとき、波は始まりと終わり、上と下、大と小、これとあれから自由になる。

歴史的次元には、時間と空間、正と邪、老と若、去と来、清と濁などの相対する対《ペア》がある。人は始まりを求め、終焉を恐れる。しかし究極の次元にはこのような区別はいっさいなく、始まりも終わりも、前も後ろもない。究極は歴史的次元を可能にする基盤であり、原初的継続的な存在の源といえるだろう。これが涅槃、これが神の国だ。

私たちの基盤は涅槃という究極の次元にある。これを神とか神の国と呼ぶこともできる。涅槃は私たちがそのなかで生きる水だ。あなたは波であり、同時に水でもある。あなたは歴史的次元でもありまた究極の次元でもある。不生、不死、不来、不去の本質を理解したら、そのときにはじめて怖れが去り、痛みや苦しみが消えていく。

波は水になるために死ぬ必要はない。波は、いま、ここ、そのままで水だから。私たちの最も深い修行は、毎日自分のなかの究極の次元を見つめ、それに触れてみることだ。この練修だけが恐怖や苦悩を全面的にとり去ることができる。「私は安住する、究極のいまに」の偈は、あなたの（信仰に合わせて）好きなように変えて朗誦してみよう。「私は安住する、神の国に」、あるいは「私は安住する、仏国土に」と。

悲しみを捨てる

さて、これからジェット機で神の国か浄土に連れていってもらえると仮定しよう。その地に到着したら、あなたはどのような歩きかたをするだろうか。このような美しい場所で、いつものように緊張して、小走りしながら、心配そうに歩くだろうか。あるいは、神の国や浄土にいる時間を心から楽しむだろうか。この地では人々は自由に一瞬一瞬を楽しんでいる。日ごろの私たちのようには歩かないのだ。

浄土はどこか他のところにあるのではなく、いま、ここにある。それは私たちの身体のひとつひとつの細胞のなかにある。いまここから逃げだすと、神の国は滅ぶだろう。しかし、走るという習気《じっけ》から自由になる方法を知っていれば、私たちは平和と自由を保ち、ブッダのように天国を歩くことができるだろう。

いま抱えているものが、あなたの住む次元を決める。悲しみや怖れや渇望をもっていたら、どこへ行こうがあなたは苦海や地獄に住んでいる。慈悲や理解や自由をもって生きれば、どこへ行こうがあなたは究極の次元、神の国に触れている。

修行者はどこへ行こうとも、足もとで神の国に触れている。私が神の国を歩かない日は一日たりともない。自由と慈悲の修行をおこなっているので、私の赴くところどこでも神の国や究極の次元に触れることができる。このように触れる練修を重ねていくと、毎日二四時間、堅固さと自由のうちに生きることができる。

「私は到達した、わが家に」波のわが家は水だから、波はそのままで水のなかにいる。何千マイルの旅をしてほんとうのわが家を探し求める必要はない。これほどに簡単で、これほどに力強い練修はないだろう。この短い偈を覚えて、毎日何度もこれを唱えて練修してみよう。究極の次元に触れて、いつもあなたの本当の家を思いだすように。

走るという習気《じっけ》

私たちは寝ても覚めても走りつづけている。どうしたらとまることができるかわからないのだ。まず立ちどまり、リラックスし、こころを静めて、集中してみよう。このように練修すれば、いま、ここに戻ることができる。しっかりと落ちついて安定すると、自分のまわりが見えてくる。いまこの瞬間を深く見つめ、本来の自分を捜してゆけば究極の次元を発見することができる。深く見つめれば、波でありながら、水でもある自分がわかるだろう。しかし立ちどまって心を集中する練修ができなければ、現実を深く見つめて、怖れから自由になることはできない。不去、不来の本質を見抜けるほどに、しっかりと安定していないからだ。

習慣に立ち向かうのは至難の技だ。インドの不可触民出身の国会議員であったアンベードカル博士は彼らの権利を擁護する運動を起こした。博士は不可触民の尊厳と安全を実現する希望の光を仏教のなかに見いだし、大いに勇気づけられた。ブッダはカースト制度を認めなかったからだ。ある日、ナーグプルに五〇万人もの不可触民が集合し、アンベードカル博士は三帰依とブッダの五つの気づきのトレーニング（五戒）の誓いを執りおこなった。私もインドに行って彼らの支援を申しでて、不可触民の居住地で法話や「気づきの日(*)」を行った。

周囲の人たちにひどい扱いをされて生活を脅かされることを想像してみよう。安全に暮らすために、上位の階級に服従して媚を売りながら生きていかなければならないのはどんな気持ちだろう。あなたの生活はどうなるだろうか。落ちついていまここにとどまることができるか、それとも、つねに何かに怯えたり悩んだりしながら生きるだろうか。このような生活をつづけていくと不安という習気《じっけ》が巨大化していく。

私のインドの旅の準備をしてくれた友人は不可触民の出身だった。ニューデリーで妻と三人の子どもと暮らしていたが、私に付き添ってあれこれと旅の便宜を図ってくれた。ある朝、別の居住地に向かうときに、バスの座席で隣りあわせた。私は窓側の席に座ってインドの景色を楽しんでいたが、ふと友人のほうに目を向けると、彼が緊張しているのに気づいて話しかけた。「この旅を楽しく満足のいくものにしたいと思ってくれるのはありがたいけれど、しかしね、私はもう十分に楽しんでいますよ。心配しないで、シートにもたれてもっと楽にしてください」「はい、わかりました」少しばかり気を抜いたようだったので、私はまた呼吸の観察（入息・出息）をつづけながら、窓の外を眺めていた。朝日に輝く椰子の木々がとても美しかった。

私はブッダの経典を書いた椰子の葉のことを思いだしていた。細長い椰子の葉の経典（貝葉経）。古代にはブッダの教えは先端が尖った椰子の葉に刻まれていた。この経典は一〇〇〇年以上ももつという。一五〇〇年くらい前に椰子の葉に書かれた仏典が、ネパールで発見されたことなどを思いだしていた。ほんの二分くらい経っただろうか、友人のほうをふりむくと、彼はまた身体を強ばらせている。ほんの数分もリラックスできないのだ。

不可触民として、これまでずっと苦闘の連続だったのだろう。いまではよい職に恵まれてニューデリーの素敵なアパートで暮らせるようになっているのに、いつも周囲を気にしながらびくびくして暮らしてきた彼の習気は、そうやすやすと変えられるものではなかった。生き残るために不可触民は何世代にもわたって、夜といわず昼といわず苦しい闘いを強いられてきた。この習気は何世代も前から伝えられてきているので、そう簡単に変えることはできない。この習気を解きほぐすには、時間とトレーニングが必要だ。友だちと一緒に練修をしていけば、数か月か数年もすれば、身構えて緊張をぬかないこの習気を変えられるだろう。そんなにむずかしいことではない。緊張を解いてリラックスし、自由にふるまってもよいのだと、自分自身に許してやればよいのだ。

走ったり闘ったりする習気を変容したいと思ったら、それが顔をのぞかせるたびにそれと認めて気づいていく。息を吸って、息を吐き、微笑みながら、言ってみよう。「私の小さな習気さん、あなたがそこにいることを知っていますよ！」その瞬間、あなたは解放される。毎日二四時間一緒にいて、それに気づかせてくれる修行友だちなどいないのだから、自分で思いだしては自分に語りかけていくしかない。友人にこの練修を一度教えると、彼は二分くらい気づきを保つことができたが、できれば自分の力でやってほしい。その気になれば誰にでもできる。自分が自分で修行友だちの役をし、実践しやすい環境をつくってみよう。

走るという習気は強烈だ。何世代もかけて注入されてきた強力なパワーだが、これを将来に伝えていく必要などない。あなたは子どもたちに神の国を歩いてきたと伝えられるはずだ。神の国を歩かなかった日は一日もなかったと、あのとき私が友人に話したように、あなたも子どもたちに伝えたいはずだ。これができたら、たくさんの人たちを元気づけることができ、子どもたちと一緒にいつでも浄土を歩けるようになるだろう。

（＊）修行を深めるために行う一日リトリート。

重荷を捨てる……ゼロの思いかた

いつも浄土を歩きたければ、いまを生きることを邪魔するものを捨てることだ。それは私たちが心配の種を手放し、スタート地点（ゼロ地点）にもどる手助けをしてくれる。ゼロと聞けば何もない無を思いだすので、否定的なものと受けとってしまうが、ゼロはとても積極的なものだ。負債を払うというのは確かに否定的だが、その借りを返せば収支はゼロになる。負債がゼロになればあなたは解放されるので、これはすばらしいことだ。

ブッダの時代に、バッディヤという僧がいた。僧侶になる前はブッダの出身国である釈迦王国の地方長官だった。悟りを得たのち、ブッダは生国に戻って家族を見舞ったことがあった。ブッダの至福と自由を目のあたりにした多くの若者は、ブッダのように自由に生きたいと思い、出家を願いでてきた。

若者たちのなかにバッディヤがいた。僧院に入って最初の三か月間、脇目もふらず猛烈な修行に明け暮れ、深い気づきが持てるようになっていた。ある夜のこと森で瞑想していたバッディヤが大声で叫んだ。「ああ、なんという幸せ！　なんという幸せか！」

長官のころのバッディヤは、快適な部屋で眠り、召使いにかしずかれて豪華な食事をとり、兵士に護衛されて暮らしていた。いまバッディヤは木の根もとに坐り、托鉢椀と僧衣だけが彼の所有物だった。

バッディヤの近くで瞑想していたひとりの僧はこの雄叫びを聞いて、バッディヤは地方長官の権力の座を捨てて後悔しているに違いないと思った。翌朝はやく、僧がブッダに昨夜聞いたことを伝えに行くと、ブッダはバッディヤを召しだして、僧院の全僧侶の面前で訊ねた。「バッディヤよ、昨夜の坐禅中にあなたは大声で『ああ、なんという幸せ！　なんという幸せか！』と叫んだというのは本当か」バッディヤは答えた。「はい、本当でございます、ブッダさま」

「なぜだ。あなたは何かを悔やんでいるのか」とブッダが訊ねると、バッディヤは答えた。「坐禅の最中に長官時代のことを思いだしました。多くの召使いを侍らせながら、富を奪われはしないか、暗殺されはしないかと戦々恐々の日々でした。ところがいま、こうして木の根もとに坐って瞑想をしていると、この暮らしが何と自由かと思い知らされました。いまの私に失うものは何もありません。一刻一刻を深く楽しんでおります。私は今ほどに幸せであったことなどありませんでした。それで『ああ、なんという幸せ！　なんという幸せか！』と叫んだのです。尊師よ、もし私が兄弟たちの修行の邪魔をしたのであれば、深くお詫びいたします」そのときはじめて僧団はバッディヤの発した言葉が真の幸福の表現であったことを知った。

ペンと紙を用意して、木の根もとに座るか、机に向かって、いま幸せだと感じているものすべてを書き連ねてみよう——空をゆく雲、庭の花、遊ぶ子どもたち、あなたが気づきの練修に出会ったこと、愛する人が隣室に座っていること、両目がちゃんと見えること。リストは際限なくつづくだろう。あなたはもうそのままで十分に幸せになる材料をもっている。去・来、上・下、生・死から解放されるに十分な材料が揃っている。あなたの人生が与えてくれるすばらしいものに囲まれて、いまこの瞬間に自分自身を慈しみ育んでみよう。神の国を歩けるように。

何を追いかけているのか

愛する人や自分自身のために、十分にいまここに生きていないならば、私たちはいったいどこにいるのだろうか。私たちは走りに走り、あげくのはてに眠っていても走りつづける。すべてを失うという怖れに押しつぶされそうになるから、私たちは走りつづける。これには復活の練修が役にたつだろう。

気づきや覚醒に戻るとき、あなたのなかにある気づきのエネルギーである聖霊《ホーリースピリット》が姿を現す。聖霊が私たちの生活に命を与えてくれる。あなたのうちに聖霊を住まわせる練修をしてみよう。聖霊とともに瞬間瞬間を生きるのは難解な練修ではない。ジュースやお茶を飲みながらできる練修といってもよいだろう。聖霊があなたのもとに降りてきたときのように、お茶を飲む。ミューズリー〔燕麦などの穀物にドライフルーツやナッツなどを混ぜたシリアル〕やご飯、豆腐を、聖霊とともに食べる。話をしたり歩くときにも、聖霊といっしょに話し、歩く。

かたちだけを追ってはいけない。歩く瞑想をするときには、一歩一歩が新しい歩みとなるように歩くと、一歩踏みだすたびに、あなたの一歩があなたを養い育てる。聖霊は気づきのエネルギーなので、聖霊とともにいただく一食一食があなたを養う新しい食事となる。坐禅をするときも、一期一会の新しい坐りになるように坐ってみよう。

坐禅をするときには、新しいあなたが姿を現すように坐ってみよう。友だちと一緒に坐るのもよいだろう。サンガとは惰性という罠に陥ることがないように、また創造性を失わないように修行するために、おたがいに気づき育てあう知的な集団だ。私たちは知的で創造性豊かなのだ。知性と創造力を使って練修を活性化し、たえず新しくしていくことができる。仏教のこの瞑想は、キリスト教徒も、イスラム教徒も、ヒンドゥー教徒も、ユダヤ教徒も、誰でもが利用することができる。信仰をもつ人にも無宗教の人にも、誰にでも開かれた練修だ。

修行とは外見のかたちの模倣ではない。知性と技術を使って、自分を育て変容することだ。こうしてまわりの人々をも育み変容する力を生みだしてゆくことを、私たちは修行という。

新しいはじまり

朝食にパンやクロワッサンを食べるときには、そのパンがいのちになるような食べかたをしてみよう。毎朝パンをちぎり、クロワッサンを口に運びながら聖餐式をする。みずみずしく、いきいきと、全宇宙に触れていると感じてみる。ひと切れのパンがイエスの肉ならば、それはまた宇宙のからだでもある。「このひと切れのパンは宇宙のからだ」と唱えることができる。気づきをもって食べることは、ひと切れのパンを宇宙のからだと認識することだ。このように食べることができたら、あなたは新しく生まれ変わることができる。あなたのなかに新しい存在を顕現させる。ひとりでもできるし、他の人と一緒に練修してもよい。みんなで行えば、日々の練修のなかで、兄弟姉妹が一瞬一瞬を新しく生きる手助けをすることができるだろう。

さあ、初心にもどって練修を始めよう。初心は美しい心の賜物だ。修行への思いが強まり、自分を変容する平和と喜びが湧きあがり、その平和と喜びが他へと伝播していく。自分が松明になって、その炎をリレーしていく。このように練修すると、平和と喜びの輪が世界中にひろまり育っていく。

みなさんに復活の練修をお勧めしたい。あなたが成功したら、まわりの人にも教えてあげよう。これこそが生きたまことの修行だ。毎日歩き、坐り、食べ、床を掃く。これが新しく甦るための練修だ。一瞬、一瞬を目覚めて生きることは、世界を目覚めさせる力となる。

目覚めは仏教の教えと修行のまさに本質といえる。〔「ブッダ」という言葉の語根〕「ブドゥ（Budh）」とは目覚めるという意味だ。目覚めた人を私たちはブッダと呼ぶ。ブッダが気づきの修行をして私たちを教え導いたように、誰のなかにもみずからを灯明に変容して世界を目覚めさせるちからが秘められている。

SEVEN
Continuing Manifestations

第７章
永遠の顕現

いかなる教えも真実として鵜呑みにしてはいけないと、ブッダは諭《さと》された。名の知られた師匠の教えや経典に記されたことだからといって、そのまま受け入れてはいけない。また、自分の目覚めた理解力で獲得した教えや、自分自身の経験による学びだけを受け入れるように、とも仏典に記されている。ブッダは実在の真実は不生・不死だと教えられた。では、もう一度それが真実かどうか一緒に調べてみよう。

ロウソクに火を灯して、ロウソクが燃え尽きたときに、そのロウソクはまだそこにあるのかあるいはないのか、と問うてみる。消滅はないというブッダの教えを、私たちは真実と理解している。永遠という観念はこの世の現実にはそぐわないことも学んだ。真実はどこかこのあたりにあるはずだ。集中力を使って、この点を深く見つめてみなくてはならない。

ロウソクに灯《とも》った炎は垂直方向にだけ進むだろうか。もしそう思うなら、あなたは時系列で炎を追っている。自分の人生の長さについても同じように考えているのかもしれない。あなたの人生は一本の線のように進み、ある日終焉する。あなたは垂直線上のある一点、例えば一九六〇年という時間軸上の一点でこの世に生まれ、この線上のはるか彼方のどこかある一点、たとえば二〇四〇年に死ぬと考えている。いつもあのロウソクのように、自分は時間軸の上を動いていると考えていないだろうか。しかしあなたはただ一本の線の上を移動しているのではない。

炎はひたすら下に下がっていくので、ロウソクはやがて燃え尽きると考えられるが、実際には、炎は四方八方に拡散している。東西南北に炎は光を放出している。精密な計測機械があったら、ロウソクが宇宙に放つ熱と光を計測することができるかもしれない。ロウソクはひとつのイメージ、光や熱というかたちであなたのもとにとどいている。

あなたもロウソクに似ている。自分が周囲に光を放出しているすがたを想像してみよう。あなたのことば、想い、行動は四方八方に飛びだしている。あなたが何か親切な言葉を発すると、その言葉はさまざまな方向に飛び散るが、あなた自身もその優しい言葉と一緒に飛んでいく。

私たちは一瞬、一瞬、さまざまなかたちに変容しながら継続している。今朝、あなたは子どもに何か不快なことを言ったとしよう。その思いやりのない言葉とともにあなたはその子の心に入っていった。いまは自分が言ったことを悔やんでいるかもしれない。子どもに対して自分の過ちを反省しても、言ってしまったことは後の祭りかもしれないが、自分の過ちに気づかなければ、あなたの発した乱暴な言葉は、いつまでも子どもの心に残ってしまうだろう。

三つの次元

いま私は自分の仏道理解と修行について本を書いている。仏法書を書くときには、私は一本の線上を進まない。私はあなたのなかに入っていって、あなたのなかでさまざまなかたちに生まれ変わる。仏教ではよく三つの行為、三つの次元について語る。すなわち、生活のすべての瞬間において展開する、身体（身）、言葉（口）、心（意）という三つの次元だ。これをよく見てその真実を理解しようとしてみよう。自分の身体が分解して再生へと旅立つまで待つ必要はない。

私たちはいま、まさにこの瞬間において生まれ、そして死んでいる。ひとつのかたちだけではなく、多くのかたちで再生する。爆竹を思い浮かべてほしい。爆竹に火をつけると、火は垂直に降りていくのではなく、いろいろな方向に飛び散る。閃光はあたり一面に飛び散っていく。あなたもたったひとつの方向に進んでいるのではない。あなたも爆竹に似ている。子ども、友だち、社会、そして全世界に光を発している。

朝の瞑想のときには、私の左右に僧侶たちが坐る。ともに坐りながら、私は彼らのなかで生まれ変わっている。注意深く見つめてみたら、僧たちのなかに私が見えるだろう。私が死んで甦るまで待つ必要などない。私はこの瞬間に刻々と生まれ変わっている。そしてできればよい方向に再生したいと思う。在家や僧院の友に、私の人生の最も美しく喜ばしいものを手渡していきたい。そうすれば、彼らは私のために、そして彼ら自身のために、よき再生を遂げてくれるだろう。

無知や怒りや絶望を再生させてはいけない。これらが再生すると、暗く苦しみに満ちた世界を創ってしまう。幸せと愛が再生すればするほど、よい世界が創られる。世界がもっと美しくやさしいものに変えられていくから。つねに幸福、慈しみ、優しさとして生まれ変わるために、私はこの一週間を、この一日を、そしてこの時間を、あなたとともに生きていきたい。

ある日目が覚めると、「父さんと母さんから、たくさんのよいものをいただいた」という民謡の一節が浮かんできた。そのよいもの（徳）とは私の寛大さ、愛、許し、そして人に喜びと幸せをあたえる能力で、親たちが私に残してくれた貴重な遺産だ。子どもは私たちの継続なのだ。私たちは子どもであり、子どもは私たちだ。あなたにひとりでも、それ以上でも子どもがいれば、すでにあなたは彼らのなかで生まれ変わっている。あなたの継続した身体を息子や娘のなかに見ることができるが、それればかりでなく、もっとたくさんの継続の身体――これまであなたが触れてきたすべての人たち――をその身に宿している。あなたの言葉と行動と心は、数えきれないほど多くの人々に触れてきたのだ。

心と光を与えて

ロウソクの炎があらゆる方向に光と熱を発散するとき、その光と熱はロウソクの継続だ。光と熱は水平方向に発散されるが、光と熱を水平面に送るためには垂直方向にも燃えていなければならない。水平次元がなければ垂直次元は存在せず、また、垂直次元がなければ水平次元は存在できない。

自分自身にも問うてみよう。「現在の生が終わったのち、私はどこに行くのだろうか」この瞬間、瞬間に創られる行動や言葉は一本の線上を進むだけでなく、横方向にもひろがっていく。まわりの世界に流れこんで影響を与え、世界をもっと美しく輝かせることができる。その美しさと輝きは未来にも流れこむ。本当の自分を捜すためには、たった一本の垂直線上を見るだけでは不十分だ。

ウーロン茶を入れるときには、まず茶葉をポットに入れてから熱湯をそそぐ。五分ほどたったらお茶ができあがる。このお茶を飲むとウーロン茶は私のなかに流れこむ。熱湯を足して二杯目のお茶を入れれば、ひきつづきその茶葉から抽出された茶が私のなかに流れこむ。茶をすべてそそぎ終わると、ポットのなかに残るものは出がらしだけとなる。私のなかに入った茶が茶の大部分で、それが茶の一番芳醇な部分、エッセンスなのだ。

私たちもこれと同じで、私たちのエッセンスは子どもや友人、全宇宙に流れこんでいる。自分を探すときも、ポットに残った出がらしのなかにではなく、こちらの方向に目を向けなければならない。あなたの外で生まれ変わった自分自身を見つけてみよう。自分の身体ではないところに、自分の身体を探す——それが体外にあるあなたの身体だ。

炎が消えて生まれ変わるまで待つ必要はない。私は毎日何度も生まれ変わっている。一瞬一瞬が再生の瞬間だ。私の新しい顕現が明るく輝いて世界に流れこみ、自由で幸福な世界を創るように生まれ変わりつづける。私はこのような修行にとり組んでいる。悪い行動を再生させないようにするのが私の修行だ。残酷な気持ちや憎しみの言葉を外に出すと、これらの想いや言葉はすぐに再生される。それは逃走馬に似ている。私たちの身体（身）と言葉（口）と心（意）の行動を、悪行、悪口、悪見の方向に向けないように努力しなければならない。

生死を生きる

刻々と生と死が起こらなければ、私たちは生きつづけられない。刻々と細胞が死んでいるから、あなたは生きつづけられる。身体の細胞だけでなく、意識の川を流れるすべての感情（受）、知覚作用（想）、心の形成物（行、内結）も一瞬一瞬、生死をくりかえしている。

友人が自分の父親を荼毘に付したあとの遺灰を、プラムヴィレッジのアッパーハムレット（上の村）にもってきた日のことを私はよく覚えている。この遺灰を、歩く瞑想をする小道に散骨する許しを求められて、私は同意した。父親がヴィレッジの瞑想の小道に残せるものは遺灰だけだと思ってのことだったのかもしれない。しかし彼の父親は生前に何度も、遺灰が撒かれたこの道を歩いていたのだった。散骨の儀式が終わって、私は参加者に向かって言った。「私たちのひとりひとりがこの瞑想の小道に自分の身体を残しているのです。他界したこの人だけでなく、私たちみんなです。この道を歩くたびに、私たちは身体の細胞をここに残しているのですよ」

身体を擦ると、何千もの死んだ細胞が地面に落ちる。瞑想の道を歩くとき、あなたは自分の皮膚の細胞だけでなく、感情、感覚、心の形成物も残していく。プラムヴィレッジで一時間、いや一週間すごしたら、あなたが去っても、ここにはあなたの痕跡がたくさん残っている。小道に残した細胞は草や花になる。あなたの継続体はまだたくさんプラムヴィレッジに残っているだろう。子どもや孫のなかにもあるだろう。世界のあらゆるところに残っている。ロウソクの炎が芯まで燃え尽きて、芯の先が消えてしまっても、炎はまだそこにある。一本の線上をたどるだけではだめなのだ。水平方向も探してみよう。

チベット仏教の伝統では、高位のラマが遷化すると、必ず数年間待って、その人の継続する身体を探す。継続はチベット語で「トゥルク」という。高位のラマは死期が近づくと辞世の詩を残し、それを手がかりとして遷化後のラマの継続体が捜索される。こうしてしかるべき継承者となる子どもを探しまわり、候補者が見つかると、弟子たちは高僧が生前使っていた鐘や数珠、茶器などを持ってその子の家を訪ね、類似した品物をラマが使っていた品に混ぜてその子どもに見せる。少年はその器物のなかから、遷化したラマの道具をひとつ選びださなければならない。その子が首尾よくラマが所有していたものを選びとったら、他にもいろいろなテストがあるようだが、晴れて先師の生まれ変わり（継続体）と認められる。弟子たちはその子を両親の許可を得て僧院に連れていき、次の世代の指導者となるように養育する。

この伝統には訴えるものがある。弟子は先師に対して並々ならぬ愛と尊敬を抱いているので、死後も先師とともにいることを強く願うのだろう。私の継続した身体を見るのに、私が他界するまで待つ必要はない、と私は常々プラムヴィレッジの友に話し聞かせている。死後ではなく、いま私を探してほしいのだ。私はすでにたくさんの子どものなかに再生している。いま私と一緒に立っているあなたに、私の霊的な子どもたちのすがたが見えるだろうか。彼らはみな私の継続した身体だ。何百、何千もの私の継続した身体は、気づきの練修をつづける若者たちのなかに生きている。法眼で観るならば、さまざまなかたちのなかに、再生した私を見つけることができるだろう。

私の本や法話はベトナムではあまり出版されていないが、私はいつもベトナムにいる。合法的には認められていないが、いまも広く読まれている。公安警察の人間も押収した私の本をひそかに読んでいるようだ。非合法的手段で印刷し出版する者もいる。このように私はベトナムにいつづけている。ベトナムには私の法門を修行する若い僧侶や尼僧がいるので、ベトナムに行けば、あなたは私に会える。ここであなたが見ている私のすがたは、ひとつの顕現にすぎない。ベトナムでの私の存在は、ベトナムの精神生活、文化、若者たちに影響を与えている。私がベトナムにいないと主張する人は、法眼を持たない人だろう。

私は刑務所でも法を説いてきた。いま私の本はアメリカ中の刑務所で読まれている。たくさんの受刑者たちが読んで楽しんでいると聞く。あるときメリーランド州のある最重要警備《マキシマム・セキュリティ》刑務所を訪問したことがあった。蟻一匹通さない厳重な警備体制のなかで、受刑者たちにどこにいても自由になれるという話をした。この法話は文字に起こされて出版されている。(*) この本は受刑者たちが練修して微笑み、苦しみを減らすことができるように、多くの刑務所にとどけられている。本当の喜びは刑務所のなかでも見つけられる。それで私はいま刑務所にもいる。練修を積んだ受刑者は新参の受刑者をたすけ、私の教えに触れた受刑者はすべて私の身体の継続体となる。あなたが私を求めるときには、生身の私を捜さないで、私の外の身体を探してほしい。

(＊) *Be Free Where You Are*, Pallax Press, 2002.

花火

　毎日、広く外に向かって出ていき、一瞬、一瞬、自分が生まれ変わっていることを学んだら、今度は、同じように広く外に向かって未来の自分を捜してみよう。あなたは花火のように瞬間的に外向きに閃光を散らす。花火がその美しさを周囲にまき散らすように、あなたの考えや言葉、行動で、あなたの美しさを周囲にまき散らすことができる。その美しさと善き魂が友だちや子どもたち、そのまた子どもたち、そして世界へとひろがっていく。あなたは失われるのではなく、未来のなかに入っていくのだ。

　このように自分を探していくと、未来の自分の継続が見えるだろう。自分が消滅する、死んだら無になるという観念にとらえられることもない。あなたは永遠の存在ではないが、消滅する存在でもない。これが真実だ。

あなたは過去においても、刻々と生まれ変わっていたことがわかるだろうか。先祖はすべてあなたのなかで継続している。いま、あなたが先祖たちから伝えられた習気を変容することができれば、あなたは過去において生まれ変わることができるのだ。たとえば、先祖がいつも走りまわる癖があり、生き残りをかけて必死に働きつづけなければならなかったとしよう。彼らには立ちどまって呼吸に戻り、人生が与えてくれるすばらしいものに触れて楽しむ余裕も時間もなかった。あなたもかつては同じような生活をしていたが、この練修に出会うことができた。いまのあなたは立ちどまって呼吸をし、先祖に代わって人生のすばらしさに触れることができる。あなたの血をわけた先祖や霊的先祖たちは美しい特質を持っていたが、それは両親やあなたが出会ってきた霊的教師たちが十分に顕現することができなかった素質だったのかもしれない。いま、あなたは自分のなかにこれを再発見し、失われたかに見えるものをふたたび甦らせることができるのだ。これもまた過去における生まれ変わりといえる。

私の知りあいにアメリカ人のベトナム帰還兵がいた。ゲリラに仲間を殺されて、彼は仲間を殺した村人に復讐を誓った。サンドイッチに爆薬を仕掛けて村の入り口に置いたのだ。

子どもたちがそのサンドイッチを見つけて食べるや、子どもは悶え苦しみはじめた。親たちが駆けつけてきたが間に合わない。そのような僻地に救急車や医療設備があるはずもなく、病院で治療もしてもらえず、五人の子どもは死んだ。アメリカに帰国してからもその罪深さは拭えず、克服することができない。「息子よ、戦争なのだもの。仕方がないのよ」という母親の慰めも空しく、彼の苦しみは増すばかりだった。子どもと一緒に部屋にとり残されると、耐えられなくなって飛びだす日々がつづいたという。

アメリカでのツアー中に、帰還兵のためのリトリートが行われた。彼らの恐怖や罪悪感、苦しみを変容するために、私は歩きかたや呼吸の仕方を教えた。「あなたは五人の子どもを殺しました。それは事実です。しかしあなたは五〇〇人の子どもの命を救うことができるのです。毎日何万人という子どもが食べものや医薬品がないために死んでいるのを知っていますか。あなたはこの子たちに食料や薬を運んであげることができるのです」それからというもの、彼は私の忠告を受け入れて懸命に修行した。二〇年前に五人の子どもを殺したその人は、まもなく二〇人のこどもの命を救った人として、過去に生まれ変わった。

深く見つめる練修をつづければ、後悔も自信喪失もやがて変容する。過去ばかりでなく、現在や未来をも変える新しい力が、あなたのなかで輝きはじめるだろう。

EIGHT

Fear, Acceptance and Forgiveness: The Practice of Touching the Earth

第８章

怖れ、受容、そして許し

………大地に触れる

いつも私たちの脳裏を離れない問いがある。「私はどうして死ななければならないのか」みずからに問いかけるもっと重要な疑問はこうだ。「私は死後どうなるのか」愛する人のところに行って訊ねてみなければならない。「愛しい人よ、あなたは誰なのか。三〇年前に私と結婚したのと同じ人なのか。それとも別人か。なぜここにやってきて、これからどこへ行ってしまうのか。いつかあなたの死ぬ日が来たら、どうして私は泣かなければならないのか」このような疑問はみな難解で、知性だけでは答えられないものばかりだ。何かもっと深く、もっと完全な答えが必要なのだ。

大地に触れる練修は、私たちの生の本質である不生・不死に触れる手だすけをしてくれる。ブッダが実践されたように大地に触れてみたら、真の洞察に近づけるかもしれない。

経典に記されているように、シッダールタ王子は、覚者ブッダになる前日に、完全な悟りに至ろうとするみずからの能力に小さな疑惑をいだいた。自信はあったのだが、ふと迷いが生じた。そこで王子は大地に礼拝した。迷いを払拭するために、片手を大地に触れた。その翌日、シッダールタ王子は悟りを得てブッダになった。

アジアの仏教寺院では、ブッダが片手を地面に触れている像をよく見かける（触地印）。大地に触れることは、怖れや疑惑、偏見や怒りを変容するためのたいへん深い練修だ。

ふたつの次元に触れる

実在の歴史的次元と究極の次元は相互に関係しあっている。一方に深く触れたら、他方にも触れることができる。イエス・キリストは人の子にして神の子とされているが、人の子としてのイエスは歴史的次元に属し、神の子としては究極の次元に属している。

歴史的ブッダに対して、時空に限定されないブッダもいる。私たちも同じだ。毎日歴史的次元で生活しながら、究極の次元にも生きている。心の修行をしながらその次元を生きようとしている。歴史的次元に生きながら、同時に究極の次元に住むことができたら、これ以上怖れをいだく必要はなくなるだろう。怖れが減れば、真の幸福がすがたを現す。波には波として生きる権利があるが、波は波だけでなく、水として生きることも学ばなければならない。波は水でもある。水は波がはらむ怖れを知らずに生きている。

大地に触れることは、究極の次元に触れる簡単だが効果的な方法だ。これを練修していけば、ある日、不生・不死の真実在に触れるときが訪れる。そのときあなたは怖れから解放され、生死の波に凛然と乗る人となる。怖れにも怒りにも動じることがない。

大地に触れる……歴史的次元

時間の次元を垂直線に見立ててみる。垂直線上のいまここに立つあなたの上方を過去、下方を未来としよう。時間軸にしっかりと立って、あなたの前に生まれたすべての先祖たちを見つめると、一番近い先祖は両親だ。彼らはみな上方の時間軸上にいる。次に下方に目を転じて、これから現れるすべての子孫、子どもや孫、そして未来へとつづくすべての世代を見つめる。子どもがいなければ、あなたがこれまで触れてきた人たち、そしてこれから彼らが影響を与えていくことになるすべての人々が、あなたの子孫にあたる。

あなたのなかには血縁の先祖と霊的先祖の両方が住んでいる。細胞のひとつひとつのなかにいる父母に触れてみる。あなたの両親は、祖父母や曾祖父母たちとともに、まぎれもなくあなたのなかにいる。先祖に触れることができたら、自分が彼らの継続であることがわかるだろう。先祖などもういないと思うかもしれないが、科学者でさえも私たちのひとつひとつの細胞の遺伝子のなかに先祖の遺伝的形質が生きていることを認めている。

子孫についても同じだ。あなたは子孫の細胞のなかに生きている。そして出会った人々の意識のなかにあなたはちゃんと生きている。これは事実であって、絵空事ではない。

ここまでが大地に触れる第一ステップだ。

窪みと木

梅の木をよく見ると、その実にはどれにも小さな窪みがある。窪みには、梅の木とその前の世代がすべて閉じこめられている。梅の実の窪みは梅の永遠性を抱きかかえているのだ。窪みには梅が伝えてきたすべての情報、木や枝や葉や花、そして実のつけかたなどの智慧がいっぱいつまっている。とても一本の梅の木だけでできる仕事ではない。梅の木が梅をみのらせることができるのは、幾世代をも遡る梅の先祖たちの経験と智慧という遺産を受けてきたからにほかならない。あなたも同じだ。あなたが円熟した人間になるための知性や智慧を持っているのは、限りない智慧を受け継いでいるからだ。血縁の先祖たちだけでなく、霊的な先祖たちからも。

霊的な先祖があなたのなかにいるといえるのは、自分の生まれと育ちをわけて考えることができないからだ。遺伝的に受け継いだ素質は養育によって変容することができる。あなたの霊性や日々の修行もまた、身体の細胞のひとつひとつのなかに入っているので、霊的な先祖もあなたの細胞のなかに生きている。その存在を否定することはできない。

先祖にも誇れる先祖と敬遠したい先祖がいるだろう。どちらであってもあなたの先祖に違いはない。申しぶんない親もいれば、配偶者や子どもを苦しめる親もたくさんいる。もしかしたら家族や社会が信仰する宗教をよいものと認める手だすけをしてくれなかった霊的先祖がいたかもしれない。いまは尊敬できないかもしれないが、そのような霊的先祖もあなたの先祖に違いはない。

受容

自分に戻って、血縁・霊的先祖たちを抱きしめてみよう。逃げだすことはできない。先祖は厳然としてここにおり、私たちの身体と心の一部になっている。

はじめて大地に触れるとき、すべての先祖たちをあるがままに受け入れてみよう。これはとても大切だ。無条件の受容が赦しの奇跡の扉をひらく第一歩となる。イエスは言われた。「我らに負債《おひめ》ある者を我らが免《ゆる》したる如く、我らの負債《おひめ》をも免《ゆる》し給へ」〔マタイ6章12。文語訳〕イエスにとって赦しの第一歩は、たとえ人が自分たちを害しても、あるがままにその人を受け入れることだった。

他者をありのままに受け入れるためには、まず自分自身を受け入れるのが先決だ。自分をありのままに受け入れることができなければ、他者を受容することはできない。自分を見つめると、賞賛すべきよい点ばかりでなく、悪い面も見えてくる。まず自分自身を認め、受け入れなければならない。

大地に触れる練修はどこでも行えるが、岩や山、花、仏壇などの前に立って、まず意識的呼吸の練修をする。息を吸ったり吐いたりしながら、先祖たちを思い浮かべ、よい点と悪い点のすべてを見つめてみる。迷わず彼らすべてをあなたの先祖として受け入れる。それからぬかずいて、膝と手と額を地面にあずけ、目の前に先祖を思い浮かべながら、その姿勢を保つ。

「ご先祖のみなさん、私はあなたです。私はあなたのすべての力と弱さを受け継いでここにいます。あなたがよい種も悪い種も持っているのを知っています。あなたが幸運であるときは、親切や慈悲や怖れをしらない大胆さの種子が水をやって育てられ、運が悪いときには、貪欲や嫉妬や怖れなどの種子が水をやって育てられたのだと理解しています」

生活のなかでよい種に水やりがされたら、いくぶんかは幸運の、いくぶんかは努力のおかげだ。生活環境は、忍耐強さ、寛大さ、慈悲、愛などの種子に水をやることができる。まわりの人々や気づきの練修もよい種子に水をやる手だすけとなるだろう。

戦争中や、家族や社会が大きな苦しみを抱えているときには、絶望や恐怖の種が育てられる。苦しみをかかえ、世間や他人を怖れる親に育てられれば、子どもにも怖れや怒りの種が伝えられる。安全と愛につつまれて育てば、子どものなかによい種が育まれ、すばらしい種が伝達される。

先祖をこのような目で見ることができたら、あなたの先祖は苦しみながらも最善を尽くして生きたと理解できる。その理解が拒絶感や怒りをすっかりとり除いてくれる。強さと弱さの両方を併せもつすべての先祖を受け入れることはとても大切なことで、怖れなく平和に生きてゆくための大きな力となる。

年上の兄弟姉妹たちも、あなたより先に生まれたという意味で、年の若い先祖と見ることができる。彼らが持つ強さだけでなく、弱さもともに受け入れてみよう。自分自身にも弱さと強さが同居していることをあなたはよく知っているから。大地に触れると、このような受容の気持ちが生まれてくる。必要ならば、ひれ伏した姿勢を、五分、一〇分、あるいは一五分くらいつづけて、この受容を深く体験してみるとよいだろう。

第一の大地に触れる練修は、両親や先祖と和解できるまで、何度もくりかえし行ってほしい。時間はかかるだろうが、これは大切な練修だ。両親や先祖はあなたのなかにいるので、彼らと和解することはあなた自身と和解することになる。先祖を否定すれば、あなたは自分自身を否定しなければならない。しっかりと先祖とつながっていることが理解できたら、それは大きな進歩だ。数日間、あるいは数週間このように練修すれば、きっとうまくいくはずだ。

大地に触れる練修はどこででも行える。仏壇の前でも、木や雲や山の前でも、またお気に入りの場所でもよい。岩の前、雲や木、仏壇の花の前など、好きなところに立って、あなたのなかのすべての先祖のすがたを思い浮かべてみる。むずかしいことではない。あなたは先祖そのものであり、彼らの継続なのだから。自分を一〇〇パーセント投入して練修してみよう。

未来に触れる

大地に触れる練修の次のステップでは、子どもや孫、姪、甥など、子孫を見つめる。むずかしければ、次の偈《ガーター》がたすけとなる。

私は子どもたちから完全にわかれていない。子どもは私を継承している。
子どもは私を未来に連れていく。息子、娘、友だち、弟子は、私のなかにいる。

死亡記事を読んでいると、たいていこんな風にはじまる。「誰々さん、死去。息子や娘を残して」ここには、子どもたちが父親に代わって生きつづける、という考えかたが見られる。私にとって弟子は私自身なので、私は毎日、私の最良の部分を弟子に伝えながら生きている。彼らが私を未来に運んでくれるのだ。私はよく弟子にこのように言う。私のために日の出を見てほしい。私はあなたたちのために、あなたたちの目で、夕日や星を見よう、と。弟子がいてくれるおかげで私は不滅なのだ。

両親や先祖のなかに自分を見るように、自分のなかに息子や娘を見ることもできる。両親のおかげであなたが先祖に近づけたように、弟子たちは私を通して、ブッダや先師方に近づくことができる。子どものおかげで、あなたは未来に近づくことができる。息子は自分の起源に近づくために父を必要とし、父は未来に、そして無限者に近づくために息子を必要とする。

この練修はひとりでもできるし、数人の仲間でたがいに支えあいながら実修することもできる。はじめは誰かに先導してもらってもよいが、すぐに自分ひとりで練修できるようになるだろう。

分けて考えようとする

息子や娘とうまくいかないと、親はよく愚痴るものだ。「おまえは私の娘ではない。私の娘ならあんな態度はしないはずだ」とか「おまえは私の息子ではない。私の息子ならあんなことは絶対しないはずだ」自分自身を深く見つめてみたら、同じような好ましくない種があなたのなかにもあることに気づくだろう。あなたも若いときには過ちを犯し、その苦しみのなかから学んだのではなかったか。子どもが間違いをしでかしたら、二度とくりかえさないように手をさし伸べなければならない。あなたが自分の弱さを理解すれば、「自分の息子を受け入れない私とは、いったい誰なのか」と自問できるだろう。息子はあなた自身なのだ。この不二の洞察をもてば、子どもと和解することができる。大地に触れる練修は、和解への道なのだ。

正定《しょうじょう》………正しい集中の方法

ブッダが教えられた八つの正しい道（八正道）の最後に「正定」がある。大地に触れるとき、私たちは、無我、無常、縁起への集中を実体験する。集中がなければ、いかなる洞察も生まれない。あなたが自分自身や両親や子どもを、無常、無我、縁起の光に照らして見ることができたら、和解はきわめて自然に起きるだろう。

毎日時間を見つけて、一、二回練修してみよう。イメージをはっきりとさせるために、次の偈《ガーター》を使うとよい。

大地に触れながら、すべての先祖と子孫に私はつながる。
血縁も霊的な家族も含めて
（あなたの好みのものの前に立って、少しのあいだこの言葉を想い描いてから、大地にふれる。）

私の霊的な先祖はブッダと菩薩と仏弟子たちだが、このなかには他界された師も存命中の師も含まれる。これらの先祖たちは私のなかに生きている。なぜならば彼らは、平和、智慧、愛、幸福の種を私に伝授し、私を理解と慈悲の源泉に目覚めさせてくれたからだ。私が霊的な先祖を見るときには、気づきの練修や理解や慈悲の修行を完全に実践できた人もそうでない人も等しく見つめ、彼らすべてを受け入れる。私自身のなかにも短所や弱さがあることを私は知っているから。

私の気づきの練修はいつも完璧というわけではなく、またいつも理解と慈悲を持っているわけではない、と私は気づいている。私は心をひらいてすべての霊的な子孫を受け入れる。子孫のなかには私の自信と尊敬を招きだすような生きかたをしている者もいれば、気むずかしく、心が揺らぎがちな者もいる。私は心をひらいて彼らすべてを平等に抱きしめる。

同様に、父方も母方もすべての先祖を受け入れる。よき資質や実践によってもたらされた徳も、彼らの弱さもともに受け入れる。心をひらいて、血族の先祖のよき資質や才能と彼らの弱さをともに受け入れてみよう。

あなたの霊的なルーツが何であれ、その伝統に属する先師方を呼びだしてみよう。キリスト教徒であれば、イエス・キリストや使徒や聖者たち、また人生の折々にあなたが出会ったキリスト教の教師たちを、またユダヤ教徒であれば、父祖や母祖、偉大なラビたちを呼びだしてみるのもよいだろう。

霊的な先祖、血族の先祖、霊的な子孫、血族の子孫は、すべて私の一部だ。私は彼らであり彼らは私なのだ。私は分かれた自己を持たない。私たちはみんな不思議に満ちた大いなる命の流れの一部なのだ。

歴史的次元の瞑想

歴史的次元とは去・来や生・死の次元のことだ。この次元に触れるとしばしば怖れに苛まれる。生・死は真の実在ではないとしっかり理解できていないからだ。ブッダは「生まれでたものは、死なねればならない」と言われた。生があるならば死もなければならない。そこに右があるなら左がある。始まりがあれば終わりがある。歴史的次元においては、物事はこのように見える。ブッダの時代の僧や尼僧や在家信者たちは、生や死を現実のものとして認識する修行をしていた。

恐怖を正視するには、瞑想や観想によって気持ちを安定させることがたすけになる。最初は、何か指示があるほうがやりやすい。呼吸が集中力をもたらし、瞑想の対象に心を向けてくれる。まず呼吸への気づきからはじめ、そののち観想に進むときに、心を瞑想の対象に向けることができるようになる。

現実の認識に心を向けてみよう。仏教の僧院では毎日この偈《ガーター》を朗唱している。「息を吸って吐きながら、私は死すべきものと気づく。私は死を免れない。私は老いるものである。私は老いを免れない。私は病むものである。肉体をもつがゆえに、私は病を避けられない。今日、いとおしみ、大切にし、執着するものは、いつかは諦めなければならない。唯一私が持てるものは行動の結果のみであり、私の想い（意）、言葉（口）、身体（身）がもたらす行為の果実以外に何ひとつ携えていくことはできない」

この現実を認めて微笑んでみよう。これが怖れを正視する方法だ。怖れは常に私たちのうちにある。老いへの怖れ、病への怖れ、死への怖れ、別離の怖れ――怖れはいつもついてくる。恐れたり心配するのが人の常だから。

ブッダはこのような怖れを押し殺すことを善しとしなかった。怖れを意識の上層まで呼びだし、それと認め、微笑みかけることを奨めた。これがブッダの時代も現代も変わらない僧侶や尼僧たちの日々の修行となっている。怖れが呼びだされるたびに、そのつどそれと認めて微笑むと、怖れはだんだん力を殺がれていく。こうして怖れが意識の深層に戻ると、前よりもっと小さな種子に変わっている。この練修は毎日実践してほしい。特に心身が強くしっかりとしているときにこそ必要な練修といえよう。

瞑想をはじめると、心はいろいろな想いを追いかけはじめるかもしれない。そのときは、ひたすら息を吸い、息を吐いて、呼吸の気づきに戻る。ただ息に戻るだけだ――息を長くしたり深くしたりする必要はない。何も変える必要はない。ただそのままでよい。呼吸への気づきから心を離さず、息のなすがままに従ってゆく。このように練修をつづけると、呼吸は静まってゆく。

呼吸が十分に静まったら、次の節に載せた、指示にもとづく瞑想の偈《ガーター》を使って、集中力を深めてゆく。最初は偈全体を聞いたり唱えたくなるかもしれないが、しばらくつづけていると、瞑想の鍵になる短い言葉だけを覚えられるようになる。大した努力はいらない。身体を緩めて呼吸と偈に任せればよい。

深く見つめ怖れを癒す

息を吸いながら、私は入息していると気づく。　吸う
息を吐きながら、出息していると気づく。　吐く

息を吸いながら、私は老いることに気づく。　老いは
息を吐きながら、老いは免れない。　免れない

息を吸いながら、私は病をもつものと気づく。　病は
息を吐きながら、病は逃れられないと気づく。　逃れられない

息を吸いながら、私は死ぬものと気づく。
息を吐きながら、死は免れないと気づく。

息を吸いながら、私はいつか、大切に愛おしむもの
すべてを捨てなければならないと気づく。
息を吐きながら、愛するものすべてを
捨てることを免れないと気づく。

息を吸いながら、身・口・意の行為だけが
真に私のものと気づく。
息を吐きながら、私の行為の結果から
逃れられないと気づく。

息を吸いながら、私の毎日を深く
気づきのうちに生きることを決意する。

死は
免れない

愛しいすべてを捨てる
免れない

行為だけが私のもの
結果から逃れられない

気づいて生きる

息を吐きながら、現在の瞬間に生きることの
　喜びと利益《りやく》を見つめる。
　　　　　　　　　喜びと利益

息を吸いながら、毎日私の愛するものたちに
　喜びをもたらすことを誓う。
　　　　　　　　　喜びをもたらす

息を吐きながら、愛するものたちの
　痛みを和らげることを誓う。
　　　　　　　　　痛みを和らげる

歴史的次元における大地に触れる練修の最も深い成果は、受容から赦しへ、さらに恐怖の正視へと、こころの変容を可能にすることだ。呼吸をこのように使うことで、癒しの効果が現れはじめる。では、大地に触れる練修の次の段階に進もう。

大地に触れる………空間

第一の大地に触れる練修では、時間軸の垂直線上に立って想い描く練修を行った。今度

は水平線上、すなわち空間次元のイメージの視覚化を練修してみよう。この空間軸は、歴史的次元である垂直線上の時間軸と交わっている。

空間では、男、女、子ども、年寄り、さまざまな種の動物、樹木、植物、鉱物など、地球上の他の生命体に目を向ける。樹木を見るとき、ふつう木は自分の外にあると考えるが、もっと深く見てみると、木もまた私たちの内部にあるとわかる。木は私たちの肺だ。木がなければ呼吸ができない。木がつくる酸素が私たちの身体の一部になり、お返しに、私たちは二酸化炭素を排出して、それが木の一部になる。私たちの身体には肺があるが、木も私たちのために呼吸をしてくれるので、体外の肺といえる。身体の肺と森の肺が協力してはじめて私たちは呼吸をすることができる。

本生譚《ジャータカ》は、ブッダが悟りをひらく前の物語を集めたものだ。この物語のなかに、ブッダが人間に生まれ変わる前に、木や鳥や亀、岩や雲であった話が語られている。私たちも人間として顕現する前には、木、単細胞動物、大型動物、雲、森林、岩だった。科学的な進化論の観点から見ても理解するのはむずかしくないだろう。物質は創造も破壊もされない。物質はエネルギーに変わるし、エネルギーは物質に戻るが、消滅することはない。

私たちは常に何か他のものの一部としてここにある。この世界のすべてのものが常に私たちの一部としてありつづけている。かつて木やバラや動物であったこともあるだろう。いまこのときの私たちは、木でもある。自分を深く見つめたら、木や雲やバラやリスがあなたのなかに見えるだろう。これらのものを自分の外に追いだすことはできない。雲をあなたの外に出せないのは、身体の七〇%が水でできているからだ。雲の継続は雨であり、雨の継続は川、川の継続は私たちを生かす水だ。雲の継続体を追いだして、私たちは生きつづけることができるだろうか。

いたるところに天使がいる

空間の次元を深く見つめたら、光明を得たものたちが観える。大いなる人・菩薩、そして神が見えるだろう。目を凝らすと、いたるところに菩薩たちが見える。人間性を守るために行動する慈悲深き人々のすがたが浮かぶ。プラムヴィレッジでは、菩薩の名を唱える練修をする。深く衆生の声に耳を傾ける観世音菩薩《アヴァローキテーシュヴァラ》、大いなる行動の菩薩・普賢菩薩《サマンタバドラ》、大いなる智慧の菩薩・文殊菩薩《マンジュシュリー》、人々に救いの手をさし伸べるために、いつも耐えがたい苦しみに満ちた闇をいく地蔵菩薩《クシティガルバ》。

菩薩たちの物語は代々語り継がれてきたが、他にも数えきれない無名の菩薩たちがあらゆるところにいて、慈悲にあふれ、世界と深いつながりをもって活動している。心は慈愛に満ち、大量消費にはまるでとらわれない。持てる時間とエネルギーを衆生を守るために存分に使って、質素な生活を営んでいる。菩薩はどこにでもいる。私はオランダの菩薩をひとり知っている。彼女の名前はヘーベ。第二次世界大戦中に二万人のユダヤ人をホロコーストから救いだした女性だ。どこにあのような力が秘められているのか不思議に思うほど小柄で、あるのは両の手だけだった。ベトナム戦争の孤児救援活動を支援しているとき、私はヘーベと出逢い、ともに働いた。

また、あまり活動的には見えない菩薩もいる。だが彼らはもの静かで思いやりがあり、その存在が私たちに愛と理解と寛容の心を呼び起こしてくれる。

数えきれない菩薩たちがこの世界にいる。菩薩の存在に気づき触れるための時間を捻出してほしい。菩薩は神ではなく、また過去の人でもない。血肉をもつ人間で、あなたのまわりにいる。あふれるエネルギーと、理解と慈悲の心を持ち、そばにいれば私たちは恩恵を受けるのだ。

大いなる人・菩薩は外見ではわからない。ときには、たくさんの喜びをもたらす小さな子どもかもしれない。自分の子どもや友人も菩薩となる。ときに苦しみをもたらすことがあっても、彼らは私たちが愛と理解の心を育てる手だすけをしてくれる。

菩薩は飽くことなくまわりの苦しみにたちむかい決して諦めない。生きる勇気をあたえてくれる人々だ。衆生を救うためなら果敢に闇のなかへも分け入る地蔵菩薩は、ひとりだけではない。まさにこの世のただなかに出現する、実に多種多様な地獄のなかへ、さまざまなすがたに身をやつして現れる。

常不軽菩薩《サダーパリブータ》もどこにでもいる。常不軽は「決して誰ひとり蔑まない」と誓願する菩薩だ。たとえ目覚める力がないように見える人がいたとしても、誰もがその能力を持っていると見抜いている。常不軽菩薩は人々が自信を持てるように、劣等感をとり除けるように手をさしのべる。この種の劣等感は人を行動できなくしてしまう。常不軽菩薩の専門は、私たちのなかにある目覚めの心、あるいは愛の心の種子に触れ、水をやることだ。この菩薩は法華経のなかに登場するだけでなく、ここ、この社会のなかに、さまざまにすがたを変えて現れる。私たちはあたりにいる、人のすがたをした常不軽菩薩に気づかなくてはならない。

文殊菩薩は理解の菩薩だ——私たちを理解してくれる人は、私たちを限りなく安心させてくれる。文殊は私たちの苦悩や困難を見てとることができるが、決して責めたり罰したりはしない。いつもそばにいて励まし、明るく照らしてくれる。文殊菩薩は伝説上の人物ではなく、いろいろなすがたで、いま私たちのまわりにいる。ときには妹、弟、甥や姪のすがたで現れるかもしれない。

私たちは想像上の神話のなかだけの人物を崇拝しない。菩薩は雲の上にいる過去の人ではなく、愛と決意に満ちた現実の人たちだ。誰かの苦しみを理解し、その人に愛を感じることができたら、そのとき私たちは大いなる理解の菩薩に触れている。

衆生の声を深く聴く観世音菩薩もどこにでもいる。心理療法士は観世音菩薩のように深く聞く技術を学ばなければならない。観世音はその耳を使って深く観る人だ。子どもや親の話を深く聞くことができたら、観世音菩薩はすでに私たちの心のなかに生きている。

妙なる調べの菩薩・妙音菩薩《ガドガダシュヴァラ》は、音楽、文学、音を使って人々を悟りに導く。もしもあなたが詩人か作家あるいは作曲家であれば、あなたはこの菩薩かもしれない。あなたの芸術創作は、単に人々の苦しみをしばらく忘れさせるだけではなく、人々のなかの目覚めの理解と慈悲の種子に水をやるものだ。私たちのまわりには、大海原のような妙なる音で法門を示し、理解と愛の道を説くたくさんの作家や詩人や作曲家たちがいる。ブッダが説くダルマの教え（法門）を衆生にわかりやすく伝える扉を示してくれる。次に普賢菩薩の誓願の偈をひとつ紹介しよう。

大いなる海の音で
こころに響く言葉を立ち昇らせ、
過去と現在と未来の
海のごとく寛く果てしないブッダの徳を誉め称える。(*)

大地に触れると、あなたは大いなる存在と繋がる。彼らは大地の一部であり、またあなたの一部なのだ。今日の世界に生きていれば、人は誰でもたやすく絶望の犠牲者になっていく。自分の身は自分で守らなければならない。一番よい方法は慈悲と慈愛の行動を実践する菩薩に触れてみることだ。

香を焚いたり祈りを捧げるだけでなく、今日、ここで、この瞬間に、ブッダや菩薩たちに触れてみよう。真に菩薩たちに触れることができたら、菩薩は私たちのなかにいて、力を与えてくれる。この時空のなかで、自分が菩薩たちの連続体だとわかる。私たちは菩薩の腕の一本だ。この腕は長く長く延びて、何千マイルの彼方まで届く。この腕は地球の闇の奥の奥まで届く。世界中に住む友は私たちの腕であり、私たちもまた彼らの腕なのだ。

「修行者の唯一の仕事は理解（知慧）に目覚めることである」とは『大いなる人の八つの悟り』（八大人覚経(**)）という経典からの引用だが、これ以外の仕事は求めるに足りない。いかなる名誉も栄光もこの目覚めの理解には及ばない。修行者はこころを停止して（止）、物事の本質を深く観る（観）ときにこれに到達する。理解によって怒る心を鎮めるとき、すでに身内に大いなる理解の種が顕現している。菩薩の心が顕現するような生きかたをともに目指していこう。

話しかた、行動の仕方に気づいて、いまここで菩薩になる。いまはちょっと忙しいから、あとで、今夜にでも時間を見つけて菩薩になる練修をしようなどとは考えないでほしい。深く聴く菩薩、大いなる理解の菩薩、大いなる行為の菩薩の名を呼んで菩薩の資質に触れることは、この世の苦悩を抱きしめる限りない力を与えてくれる。

（*）トーマス・クリアリーの英訳『華厳経』「入法界品」からの引用（前掲書、p. 288）。

（**）『仏説八大人覚経』からの引用（前掲書、p. 286）。第三の悟りより（唯慧是業）。

海賊になる

大地に触れながら、大いなるものたちに触れ、苦しむすべての人々に触れる。この両者に触れることが大切だ。戦争、抑圧、不正といった極限の苦しみにとらわれた人々の存在を忘れてはいけない。苦しみや不正を耐え忍んでいる人々は、それを訴える道が閉ざされている。豊かな国の商人が貧しい国に武器を売る。子どもたちの食べものは乏しく、通う学校もない。子どもを働かせる工場主がおり、刑務所や、再教育と称する強制収容所で死んでいく人々がいる。ハンセン病の隔離病棟で子どもも大人も手足を失い、読み書きもできず、何の希望もない。このような地獄には菩薩が必要だ。

山や花の前に立って、第二の大地に触れる練修をする前に、自分が菩薩であると同時に、抑圧や差別や不正の犠牲者でもあると思い描いてみると、よくわかるだろう。菩薩の力を借りて、世界中の犠牲者を抱きしめてみよう。少女を強姦しようとする海賊であり、強姦される少女でもある自分を眼に浮かべる。私たちは別々の存在ではなく、みんな相互に結ばれている。私たちは彼らすべてなのだ。

私たちの生きかた、暮らしかたがすべてに影響を与えている。だから、じっくりと考えてみよう。「私たちがどのような生活をしてきたから、タイの若者が海賊になったのか」私たちは自分のことだけ考えて暮らしていればよかったが、海賊になった若者たちは、何世代にもわたって惨めで貧しい生活に喘いでいた。父親は漁師で、日々の辛さを忘れる唯一の手段は酒に溺れることだった。息子の育てかたも知らず、年中息子を殴った。母親も子どもの躾けかたを知らなかった。一三歳になると父といっしょに海に出て、漁の仕方を学んだ。父親が死ぬとあとを継いで漁師になった。理解と愛の資質を持たない若者は海賊に惹かれた。海賊になれば、たった一日で現生《ゲンナマ》が手に入る。一家はえんえんとつづく貧しさから抜けだして這いあがれる。海の上には警察はいないし、海賊のまねをして略奪した船の少女をレイプしても誰も咎めない。

もし私たちが銃を持っていたら、この若者を撃ち殺すこともできるだろう。だが、若者に理解と愛を教えるほうがずっとよくはないだろうか。若者に手をさしのべる役人は、政治家は、教育者はいないのか。

昨晩も、タイの沿岸地方では、漁師の家に何百人もの子どもが生まれたことだろう。その子たちがきちんと世話もされず、教育も受けられないで育ったら、きっと何人かは海賊になるだろう。それは誰の過ちか。私たちの過ちなのだ。役人や政治家、彼らに実権を握らせた有権者たち、そして教育者たちの過ちだ。若者だけを責められるはずもない。もし私がまったく教育を受けられない貧しい家の子どもに生まれたら、読み書きもできず、貧乏のどん底で、ろくに子どもの育てかたも知らない親のもとに生まれついたら、私も海賊になっていたかもしれない。私を撃ち殺して、いったい何が変わるだろうか。あの海賊は誰なのか。彼は私だったかもしれない。若者がレイプした少女も私だったかもしれない。

生きとし生けるもののすべての苦しみは、私自身の苦しみだ。私たちは彼らであり、彼らは私たちだと理解しなければならない。彼らの苦しみを目のあたりにするとき、慈悲と慈愛の矢羽根が私たちの心に突き刺さる。そのとき私たちは彼らを愛し、抱きしめ、たすける方法を見つけることができる。そのときこそ、私たちは彼らの現実に直面して絶望に打ちひしがれることがなくなるだろう。そして、私たち自身にも絶望しないでいられるだろう。

絶望に溺れない

世界の苦しみに触れるとき、絶望に打ちのめされるのは簡単だが、絶望のうちに溺死する必要などない。ベトナム戦争のさなか、若者たちはいとも簡単に絶望の犠牲者になっていった。戦争は長引くばかりで、終わる気配さえなかった。現在の中東の状況も同じだ。イスラエルとパレスチナの若い兵士たちは、戦争の重苦しい空気に絶望している。子どもや自分を絶望から守るための練修をしなければならない。菩薩は立ちあがり、深く聴き、愛し、理解し、深く関わるために、もてる力を駆使して絶望に立ち向かう。二回目に大地に触れるとき、偏在する偉大なる菩薩や小さな菩薩たちに触れて、彼らのエネルギーを感じとってみよう。

人間の貪欲のために、動物、植物、鉱物も苦しんでいる。人間がまき散らす汚染によって大地も水も空気も苦しんでいる。人間の私利私欲のために森も破壊され苦しんでいる。自然破壊によって種が絶滅し、人間同士もお互いを滅ぼし搾取しあっている。仏教の教えによれば、すべての存在は目覚めて本来の生を生きる力を与えられている。ブッダや菩薩たちがまぎれもなくこの世に存在しているからだ。彼らはどこか知らない遠い天国にいるのではない。生きるも死ぬも私たちとともに、ここにいる。

すべての人に恵みを

大地に触れると、身体と心が清められていく。無常、縁起、無我の理解への目覚めへと導かれてゆく。インタービーイング（相依相関）を悟るものには、誰にでもブッダが観える、とブッダは言われた。大地に触れるとき、自分のなかにブッダを観、ブッダのなかに自分のすがたを観る。すべての苦しむものたちを自分のなかに見、自分のすがたを苦しむものたちのなかに見る。大地にひれ伏す姿勢をつづけると、自己と他者の境が消えていく。日々の生活のなかでしなければならないこと、してはいけないことが、そこから見えてくる。この洞察を持てば、大いなる恵みをもたらすたくさんの仕事に携わることができるだろう。

あなたは人生で何をしてきたのか。あなたの人生は自分自身や愛する人、そしてすべてのいのちあるものたちに本当に役立ってきたのか。

深く菩薩に関わることによって、苦しみが和らぐ。覚者ブッダになることから生まれでる仕事に関わることができるからだ。菩薩のように働きたいと決意するとき、これまで自分をとらえて離さなかったすべてのものを手放すことができる。名声を手放し、金儲けを手放す。この決意をするとき、これらの執着はいとも簡単にあなたから離れていく。ブッダは私たちのなかにいる――私たちはブッダのなかにいる。私たちもブッダになれる――悟りの光明を得ることができる。

みずからを導く

第二の大地に触れる練修に入るとき、次の偈を唱えてみよう。

大地に触れながら、この世界で、この瞬間に、
私とともに生きるすべて人々と種と繋がる。
（地面に触れる前に、好みの対象物の前に立って、少しのあいだこの偈を思い描いてください。）

私は四方八方に光を発するすばらしい命のかたちとひとつになる。他者と私の緊密な結びつき、幸福と苦しみがいかに相互関連しているかを見つめる。私は生死の観念を克服し、怖れなく慈悲深く、さまざまな生死の現れを観る菩薩、大いなるものたちとひとつになる。私は心の平和と理解と愛をもつ地上で出会う菩薩たちとひとつになる。菩薩は不可思議なるもの、育み癒すものに触れて、その恵みを他者にもたらす。菩薩は慈愛と思いやりのある行動の腕で世界を抱きしめる力を持つ。私も平和と喜びと自由をもって、まわりの人々に怖れなきことの喜びをもたらすことができる者となる。いまこの地上に菩薩の慈愛と幸福を感じるとき、私には孤独も絶望もない。菩薩の慈愛と生あるものたちの苦しみを目のあたりにして、私は真の平和と幸福を生みだす価値ある生活に目覚める。

菩薩の慈愛によって力を与えられて、私は苦しむすべてのもののなかに自分自身を見る。私は身体が不自由な人、戦争、事故、病気のために身体を傷めた人たちとひとつになる。私は戦争や抑圧の現実に喘ぐ人たちとひとつになる。私は家族と幸福な生活をすごせない人たちとひとつになる。みずからの根と心の安らぎをもたず、抱きしめ信じるべき美しく健全なものを求める愛に飢えた人たちとひとつになる。私は怖れながら死を迎えるもの。死後のゆくえを知らずに消えていく自分を怖れるもの。私は惨めな貧困と病気のなかに生きる子ども。手足は棒切れのように細く、未来のない子ども。私は貧しい国々に爆弾を売る武器製造者。私は池で泳ぐカエル。おのれを肥やすためにその肉を食らう蛇。私は鳥に狙われる青虫やアリ。虫を食う鳥。私は伐採される森。汚染される川。私は森林を伐採して川や空気を汚染する人間。ありてあるすべてのもののなかに自分を見る。私はすべてのものが私のなかにあることを知るもの。

不生・不死を深く見つめる

私がすべてのものであることを理解するとき、怖れは消滅しはじめる。時間と空間のふたつの次元に深く触れたからだ。しかし、真に怖れから自由になるためには、不生・不死（不滅）の究極の次元をもっと深く見つめなければならない。自分がこの肉体だという観念、死すべきものであるという観念からみずからを解き放たなければならない。この場所こそが、怖れなき場所であることを見きわめる。これが第三の大地に触れる練修だ。次の指示による瞑想は、この場所に至るたすけとなるだろう。

息を吸いながら、私は息を吸っていると気づく。
息を吐きながら、息を吐いていると気づく。

息を吸いながら、私は海の波と気づく。
息を吐きながら、海の波に微笑む。

息を吸いながら、私は波の中の水に気づく。
息を吐きながら、波の中の水に微笑む。

息を吸いながら、私は波の誕生を見つめる。
息を吐きながら、波の誕生に微笑む。

息を吸いながら、私は波の死を見つめる。
息を吐きながら、波の死に微笑む。

吸う
吐く

波に
微笑む

水に
微笑む

波の誕生に
微笑む

波の死に
微笑む

息を吸いながら、私は水の不生を見つめる。
息を吐きながら、水の不生に微笑む。

息を吸いながら、私は水の不死を見つめる。
息を吐きながら、水の不死に微笑む。

息を吸いながら、私の身体の誕生を見つめる。
息を吐きながら、身体の誕生に微笑む。

息を吸いながら、私の身体の死を見つめる。
息を吐きながら、身体の死に微笑む。

息を吸いながら、私の身体の不生を見つめる。
息を吐きながら、身体の不生に微笑む。

水は
不生

水は
不死

身体の誕生に
微笑む

身体の死に
微笑む

身体の不生に
微笑む

息を吸いながら、私の身体の不死を見つめる。　身体の不死に
息を吐きながら、身体の不死に微笑む　微笑む

息を吸いながら、私の意識の不生を見つめる。　意識の不生に
息を吐きながら、意識の不生に微笑む。　微笑む

息を吸いながら、私の入息だけに気づく　ただ吸って
息を吐きながら、出息だけに気づく　ただ吐く

私はこの身体ではない

私が沙弥（見習い僧）のころには、生死を超える修行などはるか彼方のことだと信じて疑わなかった。今生ではとうてい成し遂げられない大事業だろうと思っていた。しかし生と死は観念にすぎない。なすべきことはただひとつ、この観念の世界を克服することだった。これが理解できたとき、もしかしたら私にもこの離れ業が実現できるかもしれないと

思った。私たちはこのふたつの観念にいくたびの生のあいだ幽閉されてきたものか。

いま私たちは自分がこの身体を超えた存在であることを知っている。私たちに寿命はなく、このいのちに際限はない。私たちは瞑想によってこれを体験してきた。第一、第二の大地に触れる練修に成功したら、第三の練修は子どもの遊びのように簡単だ。

第三の大地に触れる練修は、たとえてみれば、第一の時間の垂直軸と、第二の空間の水平軸のまわりに輪をつくるようなものだ。第一の練修では、先祖と子孫から分離されているという考えを捨てた。時間という観念から抜けだす練修だった。第二の練修では、ブッダや菩薩、大いなるものたち、苦しむもの、動物、植物、その他すべてのものから分離されているという考えを捨てた。空間という観念を捨てる練修だ。今回は、大地に触れて、自分は身体であり、自分がこの身体の生死に支配されているという考えからみずからを解き放つ練修をしてみよう。

ふつう私たちは自分とはこの身体であり、この身体が分解するときに自分という存在が消滅すると考えている。ブッダはその身体はあなたではないと明言された。

まだ三〇歳にもとどかない若い友に、私はよくこんなふうに訊ねてみる。「私がベトナムを去った一九六六年に君はどこにいたかね」彼らはまだこの世に存在していなかったとは答えられない。両親か祖父母のなかのどこかにいたと気づかなければならないからだ。
はじめて第三の練修をするときには、次のような偈がたすけとなる。

大地に触れながら、私がこの身体であり、
私の寿命には限りがあるという観念を手放す。
（地面に触れる前に、気に入った対象物の前に立って、少しのあいだこの偈を思い描いてください。）

〔地水火風の〕四元素でできているこの身体は私ではなく、私はこの身体に限定されない。私は霊的・血縁双方の先祖の生命の流れの一部であり、何千年の歳月を経て現在に流れこみ、何千年の歳月を経て未来に流れこむ。私は先祖とひとつ。私はすべての人間、すべての存在とひとつだ。平和なもの、恐れを知らないもの、苦しむもの、怖れるものたちとひとつだ。この瞬間に、私はあらゆるところに現前し（偏在）、過去と未来にも生きる。梅の花が散っても、それが梅の木の最後（死）ではないように、この身体の分解は、私の存在を揺るがすものではない。私は海の表面の波である私を見る。私の本質は海の水。私は私のなかの他のすべての波のなかに私自身を見いだし、他のすべての波を私のなかに見いだす。波のかたちの出現と消滅は海には何ら影響を及ばさない。私の法身といのちの智慧は生死に支配されない。私の身体が顕現する前にも、私の身体が分解したのちにも、私は私自身の存在が見える。この瞬間にあっても、私はこの身体の外のあらゆる場所に存在するさまざまな私を見る。七〇歳、八〇歳は私の寿命ではない。私の寿命は一枚の草の葉やブッダの寿命のように、際限がない。私は時空のなかで他から切り離された身体という観念を超えていく。

時間と空間の次元で事物に深く触れた人は、究極の次元に触れることができる。波に触れてから、水に触れることを学ぶように。

不離

実在の本質は、不生・不死、不去・不来、非存在・非非存在、不同・不異であるとブッダは説かれた。この教えは次のような教えと一見矛盾するように見えるかもしれない。生まれたものはみな死ななければならない。老、病、死を逃れることはできない。深く見つめる練修をしていけば、生は観念であり、死も観念、来るも去るも、存在も非存在もすべて私たちのアタマが創りだした観念であると悟ることができる。実在《リアリティ》に関するすべての観念をとり除くとき、そのときに究極の実在、恁麼《いんも》に触れることができる。

恁麼は専門用語で、実在とはそれがあるようにあるがままのものだ、という意味だが、これを言葉で説明することはできない。表現を超えたものだ。神は究極の次元におられ、神について語ることは、どんなことでも誤っているといえるだろう。神についてのいかなる観念も概念も、神を説明することはできないからだ。涅槃《ニルヴァーナ》も同様で、実在があなたの前にその全容を顕すことができるように、すべての観念や概念をとり去ったものを涅槃と言う。歴史的次元では、波を観察していて、波の誕生や死、高い波とか低い波、美しい波とかそうでない波とか、この波とかあの波など、波についてさまざまに語ることができるが、究極の次元の水に関しては、波を描写するときに使うすべての形容詞、すべての観念はその有効性を失う。不生・不死、これではない・あれではない、高くない・低くない、もはや美しくない・もっと美しい、という次元はもとから存在していない。波が水になるために死ぬ必要はない。波はまさにこの瞬間にすでに水なのだ。

愛する人を亡くしたときに、別離の悲しみを味わうことがないように、これを練修してほしい。あなたに深い洞察が生まれれば、見捨てられたとは感じないはずだ。私は毎日、まわりにあるものを深く見つめる——木々や丘や友を深く見つめる。私はこれらすべてのもののなかにすでにいて、死んだりしないとわかっている。さまざまなかたちに変わって継続するだけだ。友が私を探すならば、目に見える私の身体の外に、いろいろなかたちに変容した私が見えるはずだ。こうした日々の練修は、今生の私のすがたが消える瞬間が来ても、みなが泣き叫ばないようにする手だすけとなるだろう。今生の私の顕現が消えるとき、それは別のすがたになるために、そっと部屋から出ていくようなものだ。

NINE

Accompanying the Dying

第9章

死にゆく人々とともに

アナータピンディカ（給孤独長者《ぎっこどくちょうじゃ》）は、ブッダを敬愛する在家の弟子だった。ヒマラヤ山脈の麓を流れるガンジス川の北に位置するコーサラ国の出身だ。商売に成功した大富豪であり、地もとの人々に愛され、尊敬を集める寛大な心根の人でもあった。本名はスダッタというのだが、「貧しき人々を助ける者」という意味のアナータピンディカという名誉ある称号を与えられていた。貧しい人たちや孤児、家のない者を援助する疲れを知らない彼の努力を評価してのものだった。

三〇歳になったある日、仕事でマガダ国まで旅をした。ちょうどブッダもその地に逗留していた。マガダ国に到着したスダッタは、まず妹夫婦が住む家を訪れたが、いつものように丁重に迎えてくれない。はて、どうしたのか、と首をひねったスダッタは、妹に理由を訊ねてみた。ブッダと呼ばれるすばらしい師を迎える準備で家中大忙しだというのが、妹の返事であった。ブッダ、とその名前を聞いたとたん、スダッタは無性にその人に会ってみたくなった。「その人は誰だい？」妹があまりにうやうやしくブッダについて語ったり褒めそやしたりしたので、スダッタはブッダに会いたくてたまらなくなった。

ブッダの法話が行われると聞いて、次の朝早くアナータピンディカは竹林精舎に出かけていった。はたしてブッダの法話は彼を感動させた。アナータピンディカは地面に顔をすりつけてブッダに自分の家への来訪を乞い、友人や家族のために法話をしてほしいとお願いした。

僧院をひらいて三年足らずのあいだに、ブッダはすでに一二〇〇人の弟子をかかえていた。ブッダとともに遊行する弟子のなかに、サーリプッタ尊者がいた。以前からすでに名の知れた宗教指導者であったので、彼がブッダに弟子入りするや、若い修行仲間や弟子たちが大挙してブッダのもとに集まってきた。

ブッダはアナータピンディカの招待を受けて、コーサラ王国の都サーヴァッティーに赴くことを約束した。アナータピンディカはブッダを迎える準備のために、先に出発することになり、誰かひとり僧侶の同伴を求めた。サーリプッタは教団運営についても有能だったので、ブッダは彼に頼んだ。このときサーリプッタとアナータピンディカは僧侶と在家として出逢い、親しく交流する間柄となった。

僧侶は僧侶とだけ、在家は在家とだけ親しく交わるものだと考える人がいるけれど、それは違う。たとえ僧侶と在家であろうとも、ふたりがともに気づきや深く見つめる練修をしたいと望んでいさえすれば、彼らは協力しあい、ともに修行し、親しい友だちになることができる。そこに差別などない。僧侶はよき僧侶として、在家はよき在家として、ふたりは仲のよい友となることができる。

アナータピンディカはコーサラ国に僧院を建立するための土地をブッダに献上したいと思い、国中を探し歩いて美しい土地を見つけた。コーサラ王家のジェータ（祇陀）王子が所有するすてきな森であった。アナータピンディカは大富豪であったので、王子を説得してその土地を手に入れる自信があった。王子はこの森に美しい木々を植えていて、まるで天国のようだった。アナータピンディカは王子のところにやってきて、土地を譲ってほしいと頼んだが、王子は断った。アナータピンディカはさらに金子を積んだが、それでも王子は首を縦にふらない。ついにアナータピンディカは言った。「殿下はいくらでしたらよろしいのでしょうか。いくらでもお望みの金子を用意いたしますから」王子は答えた。「森にびっしり黄金を敷きつめてくれるなら手放してもよいかな」なかば冗談だった。アナータピンディカがこんな条件を飲めるはずはない、と高をくくっていたからだ。しかし彼は承知した。

アナータピンディカはすぐに森一面に敷きつめる黄金を運びこみはじめた。王子はまだ本気でこの森を売る気にはなっていなかったが、側近にこう釘を刺された。「お売りにならなければいけません。殿下はかりそめにも王家のご子息。ひとたび口にされたからには、くつがえすことはなりませぬ」

アナータピンディカがここまで崇敬し、これほどの巨費を投じて土地を献上するほど途方もない宗教者がいるとは、王子はにわかに信じがたかった。しかし人々は、ブッダはまだ若い指導者だが、完全な悟りをひらき、その教えと慈悲は比べるものがない、と王子に言った。アナータピンディカのブッダへの深い信心と崇敬を見た王子は、森にくまなく金貨が敷きつめられる前に、作業をやめさせて言った。「ずいぶんたくさんの黄金を敷きつめたものだなあ。もう十分だ。私は、この土地に植えた木々を、私からの贈りものとしてブッダに進呈するとしよう」こうしてこの土地はアナータピンディカ＝ジェータの森（祇樹給孤独園）と命名された。アナータピンディカが購入してブッダに献上した土地ではあるが、植えられた木々はジェータ王子から贈られたものだから。ブッダはこの森をこよなく愛し、雨安居（雨期の籠り修行）は、毎年つづけて二〇回もこのジェータの森ですごされた。私たちはいまも往事のようにこの森を訪れ、古代の仏教寺院の遺跡を見ることができる。

アナータピンディカは長年ブッダの修行につき従い、貧しい人々をたすけ、ブッダ（仏）とダルマ（法）とサンガ（僧団）を支えつづけ、コーサラ国の王（パセーナディ）と同じく、ブッダのよき友であった。

アナータピンディカには愛しい家族があった。妻とふたりの子どもたちもまたブッダの弟子となり、家族そろって毎週のようにジェータの森に法話を聴きにやってきては、気づきの練修に励んだ。アナータピンディカはよく仲間の商人をブッダのもとに連れてきて教えを受けさせた。五〇〇人近い商人をジェータの森に連れてきて、気づきについての在家信者向けの法話を聴かせたことは、語り草となった。アナータピンディカの友人のほとんどが、五つの気づきのトレーニング（五戒）を受けた。アナータピンディカは生涯、ブッダとダルマとサンガを支える喜びと幸福のうちに生きた。

成功を重ねるアナータピンディカにも、苦しいときがあった。あるときは全財産を失ったが、使用人や友人の助けで事業を盛りかえし、ふたたび富を得ることができた。

ブッダにはじめて会ってから三五年ののち、アナータピンディカは病に倒れた。病を聞きつけたブッダは彼を見舞い、ベッドに横になったままで気づきの呼吸を練修するようにうながした。ブッダはサーリプッタに、この老いた友の世話を任せることにした。サーリプッタがコーサラ国にとどまってアナータピンディカの世話をし、安らかな最期をとげられるよう心を配った。

サーリプッタはアナータピンディカの最期が近づいていることを知ると、若い朋友のアーナンダに同行を求めて、ふたりで看病に出かけた。アーナンダはブッダの従兄弟で、すべての法話を暗記できるほど優秀な弟子であった。今日私たちがブッダの教えを学べるのは、このアーナンダのおかげなのだ。

日々の托鉢を終えると、ふたりはアナータピンディカの家を訪ねた。ふたりの僧侶が到着すると、アナータピンディカはたいそう喜んだ。苦しみのさなかにいるアナータピンディカにとって、ふたりの来訪は実に嬉しいことだった。彼はベッドの上に起きあがって礼を言おうとしたが、衰弱が激しくてままならなかった。

サーリプッタが言った。「友よ、そのままでよいのです。横になっていてください。私たちが椅子をもってきておそばに座りましょう」それからサーリプッタが訊ねた。「体のぐあいはいかがですか。痛みはありますか。痛みは増していますか、それとも減っていますか」

アナータピンディカは答えた。「体の痛みはやわらぐ気配もなく強まるばかりです」

サーリプッタは言った。「それでは、偈にしたがって三宝を瞑想することをお勧めします」サーリプッタはアーナンダをそばに坐らせて、ブッダとダルマとサンガへの瞑想を教えはじめた。サーリプッタはブッダの弟子のなかでも最も聡明なひとりとの評判が高く、文字どおりブッダの右腕であった。何千人もの僧侶と尼僧の兄弟子として働いていた。アナータピンディカが長年ブッダとダルマとサンガに仕えて大きな喜びを得ていたことを知っていたので、苦しみのさなかにあっても、この瞑想によって幸福の種に水をやることができると信じていた。

サーリプッタはアナータピンディカとともに、ブッダとダルマとサンガのすばらしさを思い起こす練修をおこなった。
五、六分もすると、幸福の種子に水をやるにつれて、アナータピンディカの体中の痛みがやわらいでいった。心の安定が戻り、アナータピンディカは微笑んだ。
幸福の種子に水をやる練修は、病床の人、死にゆく人には欠かせないものだ。私たちのなかには幸福の種子がある。病や死の床にあって苦しむときには、友がそばに坐って、幸福の種に触れる手だすけをしてほしい。そうしなければ、私たちは怖れや後悔、絶望の種に圧倒されて、耐えがたい苦痛に呑みこまれてしまうだろう。

アナータピンディカは微笑むことができた。サーリプッタは彼のなかの喜びと痛みのバランスが回復したことを見てとった。アナータピンディカに偈にもとづく瞑想をつづけるように奨めた。「友よ、どうかアーナンダと私と一緒に練修をしてみてください。息を吸いながら、私はこの身体ではないと気づく。息を吐きながら、私はこの身体にとらわれない。私のいのちには限りがない。生まれたことがないゆえに、死ぬこともない」

死が近づくと、身体の存在感がだんだん薄れてくるかもしれない。身体の感覚が失われるのに、私たちはこの身体が自分自身だという強烈な思いにとらわれつづける。身体の分解は自分が崩壊することだという考えにとりつかれている。怖れがあるからだ。私たちは無になることを怖れている。だが、身体の分解は死にゆく人の本質に何の影響も与えない。その人の本質は限りないいのちであると教えてあげなければならない。この身体は、たとえば雲のような、ほんのひとつの顕現にすぎない。雲がもはや雲でなくなるとき、雲は失われるのではない。無になるのでもない。ただ変容するだけだ。自己と身体を同一視してはいけない。この身体は私ではない。私はこの身体にとらわれない。私は限りないいのちない、なのだ。

実際に練修するときには、目、鼻、耳、舌、そして身体と心をつかって、この偈《ガーター》を朗唱しよう。


この目は私ではない。私はこの目にとらわれない。私は限りないいのちです。

この鼻は私ではない。私はこの鼻にとらわれない。私は限りないいのちです。


これは、目、耳、鼻、舌、身体と自分を同一視しないようにする練修だ。ひとつひとつの感覚意識と感覚器官を調べていくと、私たちはこれらの意識や器官ではないことがわかる。私たちは感覚器官が顕現するものをはるかに超えた存在だ。これらの顕現が消えても、私たちには何の影響も及ぼさない。

他にも自分と同一視しているものを観察してみよう。身体と五感の先に、五蘊――かたち（色）、感情（受）、知覚（想）、心の形成物（行）、意識（意）(*)――がある。ひとつひとつを深く見つめながら、次のように唱える。「知覚、感情、観念は去来する。それらは私ではない。意識は知覚、感情、心の形成物と同様に、ひとつの顕現にすぎない。条件が整うと、これらの顕現が顕れる。条件が欠けると、これらの顕現はすがたを消す。顕れても消えても、これらの顕現は私ではない」

サーリプッタはアナータピンディカを感覚意識から五蘊へと導いた。アナータピンディカは、これらは自分ではないと認識した。サーリプッタはさらに指示による瞑想を四大の瞑想へと進めた。アナータピンディカに言った。「友よ、瞑想をさらにつづけましょう。私のなかの土の要素は、私ではない（ここで「土」とは、肉、骨、筋肉、臓器などの固さをもったすべてのものを指す）。火の要素、あるいは熱を起こして食べものを消化する火は私ではない。私のなかの火と熱の要素に、私はとらわれない。私のなかの水の要素は、私ではない。私のなかやまわりのあらゆるところに水がある。私は水の要素から自由になる。私のなかの風の要素は、私ではない。私は限りないいのちであるから」サーリプッタはこのように瞑想を導いていった。

最後に、アナータピンディカは縁起の瞑想へと導かれた。「友よ、もっと深く見つめてみましょう。条件が整うと、私の身体は自然に生まれでる。どこからか来たものではない。分解したあとも、どこへも行かない」何かが顕現しても、それを存在とは呼べない。何かが姿を消しても、それを非存在とは呼べない。去・来、存在・非存在、生・死、同・異の観念から私たちは解放されている。雲や炎やヒマワリの観想を通して理解したことが、まさにこの教えと練修であった。

ここまで練修してきたとき、アナータピンディカが声をあげて泣きはじめた。アーナンダがそばにいたが、アーナンダはサーリプッタよりもよほど若く、アナータピンディカがこの瞬間に体験した変容と解脱を理解することができなかった。アナータピンディカは何かを懺悔しているのか、あるいは瞑想がうまくいかなかったので泣いているのかといぶかった。「友よ、なぜ泣いているのですか。何かを悔いているのですか」

アナータピンディカは言った。「アーナンダ尊者、私は何も悔いてはおりません」

アーナンダはまた訊ねた。「では、この練修がうまくいかなくて、泣いているのですか」

アナータピンディカは答えた。「いいえ、アーナンダ尊者、瞑想はうまくいっています」

アーナンダがまた訊ねた。「では、なぜあなたは泣いているのですか」

アナータピンディカは目に涙を浮かべて答えた。「アーナンダ尊者、私は感極まって泣いているのです。私は三五年間もブッダとダルマとサンガに仕えてきました。それなのに、サーリプッタ尊者がいま教えてくださったようなすばらしい教えをいただいて、練修したことは一度もなかったのです。何という幸せでしょう！　何という解放でしょう」

アーナンダは言った。「あなたはご存じないかもしれませんが、私たち僧院の僧や尼僧は、ほとんど毎日のようにこの教えを修行しているのです」

アナータピンディカは微笑んで、かぼそい声でつぶやいた。「アーナンダ尊者、どうか僧院に戻られて、ブッダさまにお伝えください。確かに私ども在家の者の多くは忙しく、このような教えを受けて修行する時間がありません。しかし他方で、この教えを学ぶだけの時間と余裕のある者も少なからずいるのです。どうか在家の人々にもこのような教えを授けていただけますよう、ブッダさまにお願いしてください」

これがアナータピンディカの最後の願いと知り、アーナンダは答えた。「あなたの願いはきっと伝えます。ジェータの森に戻ったら、すぐにブッダに申しあげますとも」ふたりの僧が帰ると間もなく、アナータピンディカは安らかに、痛みを知らずこの世を去った。

この物語は「死に行く者への教え（**）」という説話に記されている。この説話を喜んで練修したいと思う人に言っておきたい。これを学び実践するのに、死の問題に直面するまで待ってはいけない。実在の不生、不死、不去、不来、不同、不異の本質に触れるために、いま、ここで深く見つめる練修をしてほしい。それができれば悲しみや苦しみは消え去るだろう。勤勉に努力を重ねれば、怖れなき要素が育まれ、あなたは幸せに静かに死んでいくことができるだろう。

幸福に生き、安らかに死んでいくことができる。別のすがたで顕現をつづけることが理解できたら、これを実現することができる。堅牢さと怖れなき心をもっていれば、人々が安らかに死んでいけるように手伝うこともできるだろう。多くの人は無を怖れる。この怖れのために人は苦しむ。だからこそ、私たちは多くの顕現のなかのひとつの現れであり、継続であるという真実を明らかにすることが、死にゆく人々にとって大事なのだ。そうすれば、私たちは生死にともなう恐怖に影響されなくなる。それが概念にすぎないことを深く理解するからだ。これは重要な洞察であり、私たちを怖れから解放してくれる。

ここで紹介した教えはアングッタラ・ニカーヤ（パーリ経典の増支部）のなかの「死にゆく者への教え」に基づいた。私はこの教えを一編の詩に編んでみた。死にゆく人に歌ってあげる子守唄として。

この身体は私ではありません――私はこの身体にとらわれない。
私は限りないいのちです。
生まれたことも、死んだこともありません。

彼方の広い海と銀河へとつづく空、
すべては意識の底から顕れます。
はじまりのない永遠のときより、私はいつも解き放たれていた。
生と死は、出たり入ったりする扉のよう。
生と死は、かくれんぼうのゲームのよう。
さあ、微笑んで私の手を握り、さよならの手を振りましょう。
明日、また会うのです、そしてその前にも、
真実の源で、いつでも、何度でも会いましょう。
いつも、いつでも会いましょう。無数のいのちの道の上で。

この詩の一行目の「この身体は」の代わりに、「この目は」「この耳は」「この鼻は」「この舌は」「この心は」「このかたちは」「この音は」というふうに、くりかえして歌ってみてほしい（たとえば、「この目は私ではない。私はこの目にとらわれない」というように）。

死にゆく人にこの詩を歌ってあげたら、身体や心につながった永遠の自己《アイデンティティ》が存在するという考えから、解放してあげることができるだろう。合成されたものは必ず分解して

いくが、私たちの真実の自己は忘却の彼方へと消えていくことはない。この種の指示による瞑想は、自分がこの身体、この想い、この感情という観念にとらわれないように導いてくれる。私たちはこれらのものと同一ではなく、無限のいのちなのだ。生にとらわれず、死にとらわれず、存在にも、非存在にも束縛されない。これが真の実在のすがたなのだ。

毎日あんまり忙しくしないで、時間をとって練修してみよう。どうしたら、幸せに、安らかに、楽しく今日の日を生きられるか。深く見て生死の真実を理解する練修を進めてほしい。そうすれば、怖れを知らず心安らかに死んでいくことができる。誰にでもできる練修だ。

自分の怖れをなくす練修をしていけば、友だちや愛する人が死を迎えているときに手だすけをしてあげられる。本当に必要なこと、必要でないことにはっきりと気づかなければならない。あなたは自分の時間を有効に使える賢明な人だ。名声も権力もなくてはならないものではなく、必要なのは、自由、堅固さ、平和、そして喜びであり、これらを他の人たちと分かちあえる時間とエネルギーなのだ。

お金や名声を欲しいままにしても、幸せはこない。私たちの安全保障は、気づきのトレーニングを守って、このような練修をしていけるかどうかにかかっている。気づきのトレーニングを受けて、ブッダ、ダルマ、サンガに見守られるようになれば、私たちは幸せになれるだろう。瞳を輝かせて、爽やかに微笑み、自由な生活の道をしっかりと踏みしめる。この幸せは私たちのまわりの人たちにもあふれだす。皮相なものに時間を割かないで、練修に時間を使えば、生活の質が向上する。これが子どもや孫に残してあげられる最もすばらしいプレゼント、友と分かちあうことができる最高のプレゼントとなるだろう。ブッダのすばらしい教えを受け入れ、学び、練修してみよう。死に臨むアナータピンディカへの教えのように。

家族、友人、社会に、そしてサンガに戻っていくと、生活の仕方が変わる。平和と喜びの生活を未来に先送りしないで、いま、ここで実現してほしい。わたしたちはいまここで、元気に、満ち足りて、平和と喜びの生活を送らなければならない。幸福への道はない——幸福こそが道である。

サーリプッタの説いた教えは、人生の早い時期に誰にでも教えてあげたいものだ。アナータピンディカは人生の最後の瞬間にこの教えを受けられて幸運だったが、人生は無常なので、私たちがいつ最後の息を引きとるかは誰にもわからない。最期のときに、すばらしい友のそばで、瞑想に導かれたアナータピンディカのような幸運に恵まれる人はそうたくさんはいないだろう。だからこそ手遅れになるまで放っておかないように。あなたがいますぐこの練修をはじめれば、自分自身の確かな導き手になることができるだろう。

（＊）五蘊の訳語については、ティク・ナット・ハンの英文に忠実な訳語を用いた。これに対応する一般に使われている訳語は、体・物質（色）、感受作用（受）、表象作用（想）、意志作用（行）、認識作用（識）である。

（＊＊）前傾書、p. 267. パーリ語中部経典第一四三経「病床のアナータピンディカへの教え（教給孤独経）」（中村元監修『原始仏典　中部経典Ⅳ』春秋社）参照。

死についての新しい物語

一九九〇年代のはじめごろ、私はニューヨーク州北部にあるオメガ研究所〔ニューエイジ系のワークショップセンター〕で行われるリトリートに向かっていた。そのとき旧来の友が、ニューヨーク市のすぐ北の病院で危篤だという知らせを受けた。FOR（友和会）の理事長であったアルフレッド・ハスラーだ。一九六六年と一九六七年に、彼と私は世界中をまわってベトナム戦争の終結のための組織づくりにとり組んでいた。

　のちに私は西洋に渡って、北と南の戦争当事者の人権侵害に対して声をあげたために、ベトナムへの帰還を拒まれることになった。アルフレッドは私の代わりにベトナムに入って、平和活動の調整役を引き受けてくれた。難民や戦争犠牲者の避難所を立ちあげるために友人の手だすけをし、一緒に八〇〇〇人以上の孤児のスポンサーにもなってくれた。私が一九六六年にアメリカに行ったとき、最初の講演旅行を準備してくれたのもアルフレッドのFORだった。このツアーで私はベトナム戦争の終結を訴えた。

　シスター・チャンコンと私が病院に到着したときには、アルフレッドはすでに昏睡状態に陥っていた。妻のドロシーと娘のローラがつき添っていた。ローラ・ハスラーは若いころには、パリのベトナム仏教徒平和代表団のボランティアとして、私たちとともに働いてくれた女性だ。

　ドロシーとローラは私たちを見てとても喜んだ。ローラはアルフレッドの昏睡をさまそうと一所懸命呼びかけていた。「お父さん、お父さん、タイが来てくださったのよ！　シスター・チャンコンも一緒よ」しかし、アルフレッドの意識は戻らなかった。深い昏睡状態に陥っていた。私はシスターに歌を歌ってあげるように頼んだ。たとえそばにいる私たちにはわからなくとも、死にゆく人には最後まで聴力が残っているという。シスターは歌いはじめた。「この身体は私ではありません。私はこの身体にとらわれない。私は限りないいのちです。私は生まれたことがなく、死ぬこともありません」二回歌い、三回目を歌いはじめて、まんなかあたりにさしかかったとき、アルフレッドが目をひらいた。

ローラは驚喜して、「お父さん、お父さん、タイがおられるのよ！　シスター・チャンコンも一緒よ」アルフレッドは何も言えなかったけれど、その目を覗きこむと、私たちが来たことがわかっていた。シスターは一緒にベトナムの平和のために働いた時代のことを語りはじめた。

「アルフレッド、チ・クァン師に会いにサイゴンに行ったときのことを覚えていますか。ちょうどあの前日、アメリカがハノイ爆撃を決定したのですね。チ・クァン師はものすごい剣幕で、西洋人には絶対に会わない、ハト派であろうがタカ派であろうが、と叫んだのでした。

あなたが到着しても、師は扉をしっかりと閉ざされたままだった。アルフレッド、覚えていますか。あなたはそこに座りこんで、メモに何か書きつけていた。『私は友だちとして、あなたの国の戦争をやめさせに来ました。このドアをひらいていただけるまで、ここで断食します！』あなたはその紙切れをドアの下から押しこんだ。覚えていますか。あなたは、『このドアを開けていただけるまで、ここに座りつづけます』と言ったのです。覚えていますか。それから一五分ほどして、ドアがひらきました。師は満面に笑みを浮かべてあなたをなかに招き入れたのです。アルフレッド、ローマに行ったときのことも思い出して。三〇〇人のカトリックの神父さまたちが、サイゴンで徴兵拒否の罪で投獄された仏教僧の名前を呼びながら、徹夜の祈りを捧げてくださったことを」

戦争中に一緒に平和の仕事をしたときの楽しい思い出の数々を、シスター・チャンコンは語りつづけた。それはすばらしい効果をもたらした。サーリプッタがアナータピンディカにしたことを、そっくりそのままシスターは試みていた。彼のなかの幸福の種に水をやったのだ。アルフレッドの幸福は、他者のために苦しみを終わらせ、平和をもたらそうとする決意のなかにあった。この幸福の種に水がそそがれたとき、彼のなかの喜びと苦しみが調和をとり戻し、彼の苦しみは減っていった。

そのとき私は彼の脚をなでていた。人が亡くなるときには、身体が徐々に麻痺していくので、身体感覚も薄らいでいくのだろう——そんなことを考えていたとき、ローラがアルフレッドに呼びかけた。「お父さん、お父さん、タイが脚をマッサージしてくださっているのよ」何も言わなかったけれど、彼の目を覗きこむと、私が来ていることがちゃんとわかっていた。突然口をひらいて、「すばらしい、すばらしい！」と言ったのが最後だった。静かに昏睡の淵に落ちてゆき、二度と意識は回復しなかった。

その夜、私はオメガ研究所で、リトリート参加者へのオリエンテーションの法話をしなければならなかった。ドロシーとローラにシスター・チャンコンと私がしたようにアルフレッドに話しかけ、歌を歌ってあげるように頼んでおいて、私たちは暇を告げた。翌朝、ドロシーから連絡が入っていた。アルフレッドは私たちが退出してから数時間後に、静かに息を引きとった、と。

ベッドのそばに静かに座り、私たちが本当にそこにいて鎮まることができたら、意識がない人でも私たちの声が聞こえる。一〇年前にボルドーに来ていた大学生の母親がカリフォルニアで危篤になったとき、彼は声をあげて泣いた。カリフォルニアに帰るまで母親が生きていてくれるかどうかわからなかったからだ。シスター・チャンコンはすぐにカリフォルニアまで飛んで、まだお母さんの息があれば、サーリプッタがアナータピンディカを導いたときの瞑想をしてあげなさい、と励ました。そして母と息子の楽しい思い出を話してあげるように、と言った。青年は母の早婚や若いころの話を思いだしては語ろうと思った。昔の楽しい思い出を語ると、たとえ意識がなくても、彼女の喜びを引きだすことができるのだ。

病院につくと、すでに母親の意識はなかった。青年は意識がない人が外部からの声を聞きとれるものか半信半疑だったが、シスター・チャンコンに教えられたようにやってみた。母親はすでに一週間以上も意識がなく、もう意識が戻る見こみはなかろうと医者から引導を渡されていたが、青年が一時間半ほどやさしく語りかけると、目覚めたのだ。

身体と心と魂のすべてをその場に集めて、静かに死にゆく人のそばに座ったら、その人が自由に旅立っていく手だすけができる。

数年前に、シスター・チャンコンが肝臓移植の合併症で入院していた姉を見舞いにいったことがあった。手術の二年後に肝臓に拒絶反応が出たという。彼女はひどい痛みに襲われていた。シスター・チャンコンが病室に入っていったとき、家族のみんなも見放したような状況だった。意識がないのに、お姉さんは痛みのためにもがき、苦しみ、叫びつづけた。子どもたちも、医者になった娘も手の施しようがなかった。

シスター・チャンコンはプラムヴィレッジの僧侶や尼僧たちが、大いなる慈悲の人・観世音菩薩の名を呼ぶ読経を吹きこんだカセットテープを持参していた。お姉さんの意識はなかったのだが、シスターはテープレコーダーをベッドの横に置き、ヘッドフォンを姉の耳につけて、ボリュームを最大限にして聞かせた。奇跡が起こったのは、それから五、六分後のことだった。お姉さんは完全に静まった。呻いたり身をよじって叫んだりしなくなっていた。それから後の五日間、最後の息を引きとる日まで、お姉さんは穏やかに静かな最期をすごした。

この五日間、シスター・チャンコンのお姉さんは菩薩の名を呼ぶ声を聞きつづけた。彼女は信心深い人で、いつもお寺にお参りし、何度も慈悲の菩薩の名前を唱和したことがあったという。彼女は死の床でもう一度菩薩の声を聞いたのだ。元気だったころに大切に育てていた喜びの種に水がそそがれ、大切に育てられた。彼女は信仰を大切にする精神的な次元に生きた人であり、読経や法話に何度も耳を傾けたことだろう。僧団の読経を吹きこんだカセットテープは、彼女の幸福の種までとどいた。幸福の種に触れる方法を医者たちは知らなかった。シスター・チャンコンがしたことは誰にでもできたかもしれない。しかし誰ひとりとして考えつかないことだった。

私たちの意識には、テレビのようにたくさんのチャンネルがある。リモコンのボタンを押せば、選んだチャンネルが映る。死にゆく人たちのベッドサイドで、どのチャンネルを呼びだすか、慎重に考えなければならない。死にゆく人に最も近い人が、これを行う最適の人だろう。もしもあなたが死にゆく人につき添っているなら、最高の幸せの種に水やりができる音やイメージを、その人の人生のなかから探してみてほしい。誰の意識のなかにも、浄土や涅槃、神の国や天国という種子がある。

練修によって不生・不死の実在に深く沈潜し、去・来が単なる観念にすぎないことを悟るならば、練修を重ねて堅固で平和な心を確立するならば、死にゆく人々に救いの手をさしのべることができるだろう。その人が怖がらず、苦しまず、安らかに旅立っていけるように手助けをすることができるだろう。みずからも怖れなく生き、平和に死んでいけるだろう。自分の力で不死の智慧を持つのだ。死もなく、怖れもなく、あるのはただ継続だけであると。

静かに生死の波に乗る――訳者あとがきにかえて

ベトナムの禅僧ティク・ナット・ハン（一九二六–。愛称、タイ＝先生）は、『金剛般若経』の注釈書のなかに次のような詩を載せている。この詩のなかに描かれた「ヒマワリ」は般若の智慧《プラジュニャーパーラミター》、苦海を超えて私たちを彼岸に渡す目覚めた理解を表している。

ヒマワリ

幼子の目をして、こちらにおいで
法身《ダルマカーヤ》の澄みわたる青い海と、
恁麼(*)の現れの碧《みどり》を見に。

世界が終わるときが来ても、

あなたの微笑みは消えない。
昨日手に入れたものも
明日失うものも、みんな。

こちらにおいで、
幻に飾られた生を見つめに、

ヒマワリはすでにそこにあるから、
花々はみなそちらを向いて咲く、深く見つめながら。

（＊）禅語で「このように、そのような、あるがままの姿」の意。'suchness'の訳語。

本書『死もなく、怖れもなく』（*No Death, No Fear: Comforting Wisdom for Life*, Riverhead Books, 2002）は澄んだ幼子のひとみでこの世の森羅万象を見つめ、生と死の観念を超克していくための練修本（修行書）である。ティク・ナット・ハンは常に読者にこう語りかけている。抽象的な観念は確かに美しいが、それが私たちの人生と関わらなければ、いったい何の役にたつのだろうか。ここに出てくるひとつひとつの言葉が、食事をしたり、お茶を飲んだり、木を伐ったり、水を運ぶこととどのように関係しているのか、ブッダの教えが私たちの日々の生活とどのように関わっているかを問うてみてほしい。自分自身の体験と自分自身の苦しみにてらしあわせてブッダの教えを見つめてほしい。

　本書はティク・ナット・ハンの他の多くの著書と同じく、『般若心経』『華厳経』『金剛般若経』などの大乗経典や唯識など大乗の哲学、および『安般守意経《アーナーパーナサティスッタ》』やパーリ語の中部経典のような原始仏典（上座部仏教）を典拠として、仏教の教えの神髄をブッダが目指した練修（修行）に戻って平易に語り、私たち現代人に幸福への道を示している。いかなる高邁な知識を得ても人は幸福にはなれない。幸福への具体的な道（方法論）が示されてはじめて、私たちは怖れを超え、死を超克することができる。これが五〇年近くにわたるタイの西欧での活動のエッセンスだ。

　現在八四歳を迎えられたタイはこの半世紀、仏教が得意とする生きるための智慧を西欧の人々に教えてこられたが、その教えの中核は「練修《プラクティス》」にあるといえるだろう。本書で頻発する「プラクティス」という言葉は文脈によって「練修」「修行」「実践」「トレーニング」などの訳語をあてたが、なかでも「練修」をもっとも多用した。その理由は、本書がプロの仏道修行者はいうまでもなく、一般の人々を対象としているからだ。ピアノのレッスンや、自転車の乗りかたを覚えるときに何度もくりかえして「練習」する、ちょうどそのように、仏教が教える幸福への道を学び修するという意味を込めて「練修」という言葉を用いた。他のすべての教えのように、本書には一貫して生活と実践——アート・オブ・リビング——の視線が貫かれている。二〇世紀このかた私たちの生活に深く巣くってきた不安、怖れ、虚無、死への恐怖を和らげて幸福に生きるための技術を提供しているという点で、本書は従来の仏教の教学・修行におけるパラダイムシフトといえるだろう。

生きとし生けるものの幸福を実現するという大乗仏教の悲願の円環を閉じるためには、教学《アビダルマ》のみにとどまらず、これを実現する修行の方法を示す必要がある。タイは現在の大乗仏教はいまだ「半大乗」のままであり、この円環を閉じて大乗の教えを完結するためには、「幸福への道筋」がつけられなければならないと述べている。この目的を実現する方法として、アメリカ、ヨーロッパ、特にフランスのプラムヴィレッジでは世親《ヴァスバンドゥ》の唯識五〇頌（三〇頌＋二〇頌）の「種子論」や安般守意経の「呼吸への気づき」などがさかんに導入されている。この壮大なタイの悲願は、ベトナム戦争の悲劇のなかから生まれた仏教革新運動、ティエプ・ヒエン（接現・相互共存）教団の設立、「インタービーイング禅」への展開をへて、地球仏教への歩みのなかで具現され、実践されている。

ティク・ナット・ハンには自負がある。誰もがブッダになれるという揺るぎない確信である。ブッダに成るとは真のダルマ（法）を学び修することであり、それはサンガ（修行の共同体）のなかでもっとも美しく開花するものだ。サンガのなかにダルマの教えが生きるとき、タイはこれを「生きたダルマ（Living Dharma）」と呼ばれる。そこにはまぎれもなくブッダが存在するからだ。タイは日常からかけ離れたブッダ観を排し、誰もがいまここでブッダを現前させる方法を教示される。一般的には、ブッダ（覚者）とはこの世の怖れを離脱し、生死を超えて目覚めた雲上の人であり、釈迦牟尼仏陀という歴史的存在や少数の解脱者に限定されがちであるが、サンガにダルマが息づくとき、誰もがブッダの悟りの境地を達成でき、誰もがブッダになれる。マインドフルネス（気づき）の力によって、「いま、ここで幸福になることができる」この「生きたダルマ」は、二〇〇九年八月のコロラド・リトリートで実現した。タイは同年のマサチューセッツ・リトリート中に結核の疑いでボストンのマサチューセッツ総合病院（ＭＧＨ）に入院して検査を受けられた。このため、一〇〇〇人もの参加者が待つコロラド・リトリートはタイの不在のうちに執り行われた。この体験をふまえて、*One Buddha Is Not Enough*（2010）（ひとりのブッダでは十分でない）という「集合的覚醒の物語」がプラムヴィレッジの僧団、一般参加者によって出版された。ここで実現したサンガの奇跡（の力）はサンガがブッダの仕事の継続たりうることを実証した。「真のダルマを学修しようとするものは誰でもブッダになることができる。まだフルタイムのブッダでなくとも、私たちはみなパートタイムのブッダなのです」（前掲書）

タイの教えには日常性に根ざした深い洞察とユーモアが満ちている。タイの教えの特徴は、誰にでもわかる平易な表現や説得力のある逸話を通して読者の心にストレートに入っていく実践的なアドヴァイスといえよう。あと三日のいのちと宣告された人にたいして、「人生はピクニックのようなもの」――うまく使えば（十分に気づいて生きれば）、一日も十分に長いのですよ。あるいは「生と死は親友同士です」――両者の協働があってはじめて生が可能になる。またシェイクスピアの『ハムレット』の有名な科白「生きるか死ぬか、それが問題だ」をもじって、「生きるか死ぬか、それは問題ではない。あなたが不生・不死の本質に触れることができるかどうか、それが問題だ」と、私たちに気づきのボールを投げられる。

さて、本書はタイトルが示すように、私たちの普遍的な関心事である「死」と「怖れ」に真正面からとり組んでいる。「不生・不死」――〈生もなく死もなく、あるのはただ継続だけ〉――という仏教の生死の哲学の内実が明晰に語られている。私たちが日常的に生きている観念や概念の世界と実在《リアリティ》の世界の相違と関係性が、手をかえ品をかえ、これでもかこれでもかと執拗なまでに語りかけられる。ここで展開されている提案は、死にゆく人々の痛みを緩和して安らかな死を遂げさせる一時的なターミナルケアではなく、事象の世界を深く見つめて、あるがままの実在のありように気づいて、死への怖れを緩和していく、あるいは超えていくという、インタービーイングケアといえるだろう。「インタービーイング（相互共存・相即）」とはタイの造語で、仏教独自の縁起の哲学を指す。

また本書のもうひとつの特徴として、キリスト教など宗派を超えたエキュメニカルな視点がある。キリスト教の教えのキーワードを巧みに取り込みながら、「復活のトレーニング」「クロワッサンで聖餐式」「聖霊《ホーリースピリット》とともに豆腐を食べる」など、エスプリにみちたプラクティカルな練修が提案されている。その理論的根拠として、タイは存在（生・有）・非存在（死・無）を超えた「涅槃《ニルヴァーナ》」を、パウル・ティリッヒの「神は存在の基盤」という言葉で説明している（第4章以降）。ティリッヒは二〇世紀中葉にアメリカで活躍した実存主義神学者であるが、主著の『生きる勇気（*The Courage to Be*）』を語るときに、有神論や神秘主義を超えた神概念、存在それ自体を開く鍵としての「神を超える神」を「存在の基盤（根底）（the ground of being）」と定義し、これを「存在に対して『然り』というところの『絶対的信仰』」と呼んでいる。ティリッヒは「言葉や概念で伝達されるような安定性を持たず、名称もなく、教会も、祭儀も、神学ももたないすべてのものの深みにおいて働いている存在の力」を「存在の基盤」と呼んだ。タイは、ティリッヒのいう「運命と死の不安、恐怖のなかで摂理が迷信と化し、霊魂不滅が幻想と化したときに現れ出る生きる勇気を作り出すもの」を涅槃に近似したイメージとしてとらえている。現代人の救済を求めて苦闘したティリッヒの新しいキリスト教の解釈が癒しの神学とも呼ばれる由縁は、非存在（無）を内に抱えながらそれを克服していく存在そのものの力（涅槃）とそれに参与する力（生死をあるがままに受容して生きる力）の両者のダイナミズムにあるといえるだろう。涅槃＝存在の基盤に参与してそれを生きるとき、絶望に溺れない生きる勇気がわいてくる。「すべての存在は目覚めて本来の生を生きる力を与えられている」（本書、一八三頁）とタイが述べるとき、ティリッヒの「神を超える神は、あらゆる神と人間との出会いの中に現臨している」（ティリッヒ、二八二頁）に深く通底しているといえるだろう。

ついでながら、二〇〇二年度のベスト・スピリチュアル・ブック（S&H）に選ばれた本書は、一九九五年初版の『生けるブッダ、生けるキリスト』（邦訳、春秋社、一九九六年、拙訳）につづく仏教・キリスト教論の第二弾といえる。タイの教えの中核をなす重要な本で、キリスト教と仏教の見事な出会いが語られている。

以下、簡単に本書の構成の概略を述べると、第1〜3章が導入および理論編、第4〜7章が解説編、第8〜9章が実践編となっている。

理論編においては、仏教教学の諸行無常、諸法無我、涅槃寂静の三宝印から、死の怖れや不安をもたらす観念に立ち向かうための八つの否定（八不）を経て、概念の消滅までの過程が具体例を綴りながら語られる。事物の生成の原因、純粋原因の節では、アリストテレスの原因論（形相因、質料因を含む四原因説）を意識した仏教的原因論が語られ、縁起に基づいた顕現を「すばらしき生成」としている。

解説編では、ややもすると難解で観念的な仏教の教えが、具体的な例や詩や物語で深められていく。ここでは「マッチの炎とロウソクの比喩」が圧巻で、無常・無我・涅槃の関係と存在の実在性が見事に説明されている。無常と無我という観念を吹き消したところに涅槃が出現するのだが、タイは無常と無我をマッチの炎に例えて説明する。ロウソクに火をつけたいときにはマッチを擦るが、やがてその炎はマッチ自体を消費し尽くしていく。そのように無常も無我も涅槃へと至る道具にすぎない。

知性をもって涅槃のトレーニングを重ねていけば、マッチがみずからの炎を焼き尽くすように、私たちは完全な自由、生と死の恐怖からの自由を獲得することができると、タイは私たちを励ましている。私たちの実在には死もなく、怖れもない。あるのはただ継続のみ。「恐るるな夏の暑さも今ははや。はげしき冬のあらしをも。此の世の勤め成しはてて、其代も得て行く旅路。ああ富みたるも貧しきも身まかれば、同じ塵、あくた」(シェイクスピア『シンベリン』第四幕葬送の歌、坪内逍遥訳)。死への達観は、シェイクスピアの詠うこの詩のように、ややもすると悲哀を帯びた人生謳歌に終わることがあるが、タイに導かれる人生の旅路は、たくましく喜びに満ちている。ここには生死の観念から解放された晴れやかないのちへの目覚めがある。

第8章の「大地に触れる」(大地礼拝)は本書のハイライトといえるダイナミックな章で、生きてここにある私たちの実存が、インドラの網のように縦横無尽に広がり、時空を超えた連続体であることを現在・過去・未来の身体で体験する。そして終章の第9章は、本書の壮大な仏教哲学の大伽藍を垣間みたあとでは、おまけのような一章であるが、タイから私たちへの心からの贈りもののように思われる。みずからの死と愛する人の死を、静かに見つめる技術と力を私たちに与えてくれる――静かに生死の波に乗る――美しく生きるために。

最後に、本年タイが一六年ぶりに来日され、四月より約一五日間、京都と横浜で法話やリトリートが行われる。これを記念して欧米で高い評価を受けた本書の翻訳を企画してくださった春秋社に心よりお礼を申しあげる。第一回目のタイの日本リトリート（一九九五年）以来、春秋社はタイのおびただしい著書のなかから世界的なベストセラーの邦訳を企画され、本書をもって六冊目（藤田一照師の翻訳書も含む）の出版となる。最後になりましたが、これらの本の出版に際し、つねに明晰な目で訳業をバックアップしてくださった編集部の小林公二氏に心より感謝の意を表したい。

二〇一一年如月　イースターの季節
ケンブリッジ（米国）にて

池田久代

著者略歴

ティク・ナット・ハン *Thich Nhat Hanh*

1926年、中部ベトナムで生まれる。10代で出家し禅僧となる。ベトナムで社会奉仕青年学校、ヴァン・ハン仏教大学、ティエプ・ヒエン（インタービーイング）教団を設立。コロンビア大学、ソルボンヌ大学でも教鞭を執る。激化するベトナム戦争のさなか、中立の立場から平和と停戦を訴え、戦争被害者救済に尽力するが、北からも南からも敵視・迫害され、1966年にはフランスに亡命を余儀なくされる。1973年のパリ平和会議には宗教者代表として出席。以降、〈行動する仏教〉をモットーに、農業、著述・講演活動と同時に、難民救済活動に尽力し、仏教の布教と平和活動をつづけた世界的仏教者。2022年、逝去。英語、仏語、ベトナム語の著書多数。邦訳のある著書に『微笑みを生きる』『生けるブッダ、生けるキリスト』『禅への鍵』『禅への道』『小説ブッダ』『〈気づき〉の奇跡』『イエスとブッダ』『沈黙』（以上、春秋社）、『仏の教え　ビーイング・ピース』（中公文庫）、『あなたに平和が訪れる禅的生活のすすめ』『あなたに幸福が訪れる禅的生活のこころ』（以上、アスペクト）などがある。

訳者略歴

池田久代 *Hisayo Ikeda*

1949年、山口県に生まれる。1975年、同志社女子大学大学院文学研究科修士課程修了。奈良女子大学大学院人間文化研究科比較文化学博士課程満期退学。皇學館大学教授を長く務め、2015年3月に退職。2007-2009年、ハーヴァード大学客員研究員。著書に、『もっと知りたいニュージーランド』（共著、弘文堂）『ニュージーランドを知るための63章』（共著、明石書店）など。訳書に、ティク・ナット・ハン『微笑みを生きる』『生けるブッダ、生けるキリスト』『禅への道』『小説ブッダ』『〈気づき〉の奇跡』『イエスとブッダ』『沈黙』（いずれも春秋社）など。

NO DEATH, NO FEAR:
Comforting Wisdom for Life
by Thich Nhat Hanh
Copyright © 2002 by Unified Buddhist Church
All rights reserved including the right of reproduction
in whole or in part in any form.
This edition published by arrangement with
Riverhead Books,
a member of Penguin Group (USA) Inc.
through Tuttle-Mori Agency, Inc., Tokyo

死もなく、怖れもなく
生きる智慧としての仏教

2011年3月20日　第1刷発行
2025年4月25日　第5刷発行

著者――――ティク・ナット・ハン
訳者――――池田久代
発行者――――小林公二
発行所――――株式会社 春秋社
〒101-0021 東京都千代田区外神田 2-18-6
電話 03-3255-9611
振替 00180-6-24861
https://www.shunjusha.co.jp/
印刷・製本――――萩原印刷 株式会社
装丁――――芦澤泰偉

Copyright © 2011 by Hisayo Ikeda
Printed in Japan, Shunjusha.
ISBN978-4-393-33305-1
定価はカバー等に表示してあります